# RÉVÉRENCE

Élise ROPERS

# RÉVÉRENCE

## Splendeurs et tyrannies de l'Opéra de Paris

*Avec la collaboration d'Albertine Gentou*

Michel LAFON

**Hormis quelques noms**
**changés pour respecter**
**l'anonymat de certaines personnes,**
**tous les faits rapportés ici sont authentiques.**


7-13, boulevard Paul-Émile-Victor - Île de la Jatte
92521 Neuilly-sur-Seine Cedex

*À mon père.*
*À Patrice, mon mari.*
*À mes enfants, Perle et Tom.*

*À Dany Sazy,*
*mon premier professeur.*
*Et à tous ceux qui partagent*
*la passion de la danse.*

*Merci à Sophie, Hélène, Véronique et Carola*
*pour leur soutien et leur amitié.*

« *Le propre de l'Opéra est de tenir les esprits,*
*les yeux et les oreilles dans un égal enchantement.* »

LA BRUYÈRE

# PRÉFACE

Dernièrement, en octobre 2002, dans un rapport[1] de plus de cent pages intitulé « Souffrance au travail et harcèlement moral à l'Opéra national de Paris » et réalisé à la demande du CHSCT (Comités d'hygiène, sécurité et conditions de travail) de l'Opéra en question, on peut lire : « À l'école de danse de Nanterre *[car aujourd'hui, l'école se situe là]*, nous avons montré que la souffrance au travail et le harcèlement moral sont poussés jusqu'à la caricature, à cause du despotisme imposé par une conception étroite de l'enseignement artistique et des vertus pédagogiques de la discipline. (...)

» Nous craignons, si la situation perdurait, que ce ne soit par une catastrophe que se révèlent au grand public les indignités faites aux enfants et aux adultes. Nous les nommons : le déni de la douleur, les atteintes à la dignité,

1. « Socialconseil@wanadoo.fr ».

la discipline de la terreur psychologique, les outrances verbales, etc. S'agit-il encore de l'excellence ? »

Mais un rapport reste un rapport. Il ne peut entrer dans le détail, mettre en scène la souffrance, analyser la lente détérioration que provoquent les mauvais traitements.

Élise Ropers le peut, elle qui fut six ans « petit rat » à l'école de danse puis seize ans dans le corps de ballet avant de tirer sa dernière révérence, brisée par le système.

Elle était entrée à l'Opéra des rêves plein la tête et longtemps elle a subi les offenses sans la moindre rébellion, juste pour demeurer dans ce temple de l'art et de l'émerveillement. Juste pour continuer la danse, sa passion de toujours. Quand elle a quitté les lieux, elle ne savait même plus si elle aimait encore danser.

Et ce livre montre bien qu'elle n'est pas la seule dans son cas. Dans la meilleure école et la plus prestigieuse compagnie du monde, on traite les gens souvent comme du bétail, sans ménagement, sans politesse. On fait régner la terreur et l'injustice.

Dans cette école et ce corps de ballet si réputés, on donne des ordres mais on ne transmet aucune ligne de conduite, ni aucun code moral. L'affabilité, le respect n'existent pas. Pas plus que les bonjours et les mercis. À la place dominent les pressions, les tensions, les chantages, les injures, les dénonciations, les chouchoutages, les petitesses. De quoi détruire les personnalités, surtout quand on sait qu'un danseur ou une danseuse consacre la majeure partie de son temps à l'institution, qu'on y vit en circuit fermé sans que pour autant la moindre convivialité ne transparaisse. Car la mentalité des dirigeants déteint sur toute la troupe. Des machinistes aux danseurs étoiles en passant par les quadrilles ou les coryphées, les mesquineries et les délations, plus ou moins encouragées en haut lieu, ne favorisent pas la solidarité. Les professeurs ont souvent subi le même sort que leurs élèves et ne voient pas pourquoi ils devraient ménager ceux-ci. Donc, aucun espoir de changement.

Et pourtant, il faut que cela change. Et, pour cela, il convient de briser le mur du silence.

C'est ce qu'Élise Ropers a voulu faire, sans esprit de revanche mais dans l'espoir d'aider tous ceux qui, encore employés par la terrible « entreprise », risquent de perdre leur place s'ils se manifestent. Élise, elle, a quitté les lieux, elle n'a rien à perdre.

La vie hors les murs, son mariage, ses enfants, son nouveau métier de professeur de danse lui ont permis de se libérer des angoisses du passé ; ce livre a sans doute achevé la catharsis mais le souhait le plus cher d'Élise est qu'il apporte une pierre à un nouvel édifice qui s'appellerait toujours l'Opéra de Paris, mais dont les fantômes malfaisants ne viendraient plus ternir la magie du spectacle.

Albertine GENTOU

– PREMIÈRE PARTIE –

# LE GRAND DÉFILÉ

*« Sans la danse, un homme ne saurait rien faire... »*

MOLIÈRE,

*Le Bourgeois gentilhomme*

## – 1 –

## PAR VENT DE GUERRE

*1979, Paris, palais Garnier*

Les projecteurs impriment sur la scène un savant clair-obscur. Dans la pénombre, l'existence se déroule en noir et blanc. Je me promène dans un songe sans vraiment exister. Fantôme parmi les spectres, je cherche la lumière, le bout du tunnel, le passage qui me permettra de découvrir la vraie vie. Le crépuscule m'engloutit, du moins me semble-t-il. L'éclairage blafard des coulisses jette un fard sale et jaunâtre sur les visages, les costumes et les murs. Tout me semble terne. Sans musique. Sans couleurs. Sans parfums. Même cette passion que j'éprouve pour la danse ne me semble pas pour moi. J'ignore si je suis encore capable de respirer.

– Tu trembles, carcasse ? me demande mon amie Joséphine, petit rat elle aussi.

– Je ne suis pas une poule mouillée ! dis-je dans une grimace en gigotant dans mon tutu et en faisant « twister » mes genoux dans une pantomime de panique.

Une femme régisseur passe dans les rangs, aperçoit les deux mutines et leur adresse un regard chargé de sévérité. L'effet est réussi : aussitôt notre diatribe est coupée et notre « clapet » rendu muet.

Malgré nos plaisanteries, nous n'en menons pas large. Le moment est historique, l'heure grave. Pour la première fois de ma vie je participe au grand défilé de l'Opéra, au palais Garnier. Se regroupent pour cette sérénissime circonstance tous les petits rats, les élèves de l'École nationale de la célèbre maison et le corps de ballet, quadrilles, coryphées, sujets, premiers danseurs, étoiles – féminines et masculines – soit quelque cent cinquante personnes. Je commence à toucher mon rêve du bout de mes chaussons... J'ai onze ans.

Une voix nous guide vers le foyer de la danse, salle historique située à l'arrière de la scène, où la troupe s'entasse. Le foyer, entouré de miroirs, se trouve légèrement surélevé par rapport à la scène. Et il est extraordinaire de voir descendre toute la compagnie jusqu'à l'avant-scène, dans une perspective qui sert admirablement la scénographie, et l'ensemble des techniques propres à un spectacle : décors, lumières et mise en scène.

Dans le silence oppressé, la multitude des corps – semblables à des étalons prêts pour la plus prestigieuse des courses – piaffe et s'impatiente. Le murmure s'amplifie. Dans la fosse, l'orchestre accorde ses instruments. La nuit s'obscurcit encore. Le silence, dernière manifestation de calme avant la tempête ou le déploiement des forces, s'intensifie à ne plus pouvoir penser. Un vide m'aspire. J'ai l'impression de tomber dans une des innombrables fosses du plancher à double fond du théâtre où, entre cintres et combles, chacun se perd dans le labyrinthe des illusions.

Enfin un autre murmure se fait entendre. Aussi doux, aussi fascinant que *La Marche des Hébreux* de Prokofiev ou celle des *Titans* de Mahler, la musique des *Troyens à Carthage* d'Hector Berlioz nous invite à déchirer notre chrysalide et à entrer dans le mouvement.

Lentement, les plus jeunes, dont je suis, descendent vers l'avant-scène dans une grâce martiale, épousant ainsi l'ordonnance d'un régiment qui maîtrise l'art de la parade. Les escadrons de danseurs et de danseuses s'avancent en escadrilles, tels des *B-52* larguant leurs bombes pour réduire en cendres leurs cibles. Nous avançons, fiers et royaux, à l'assaut du public, pile et face. Face spectateurs, pile coulisses, professeurs et maîtres de ballet. D'ores et déjà, je le sais, il s'agit de plaire tout autant aux uns qu'aux autres.

Nos silhouettes surgissent des ténèbres, fines, gracieuses, délivrant un message dont elles ne saisissent pas l'importance.

Tutus blancs pour les filles, collants noirs et chemises immaculées pour les garçons, blanc sur noir. Noir sur blanc. Pions blancs et pions noirs d'un jeu de go sur le damier de la vie ou du spectacle – qu'importe ! Idéogrammes chinois tracés à l'encre de chine blanche sur des dazibaos de soie noire, subrepticement, à notre insu, mes camarades et moi écrivons une histoire dont je suis ce jour la principale héroïne.

*1968, Saigon, onze ans plus tôt... Apocalypse Now*

Blanc sur noir. Noir sur blanc. Le paysage est gris sous l'impact des bombes au napalm et des tirs soutenus. Voitures désarticulées aux carlingues cabossées, déglinguées. Vacarme généralisé, amplifié par les klaxons incessants des mobylettes, des vélos et des cyclo-pousses. Mendiants, estropiés, petits revendeurs de drogue, cireurs de chaussures, enfants victimes de la guerre marchant à cloche-pied sur des béquilles, prostituées, tous pullulent et contribuent par leur bavardage à cette cacophonie. Épices, fleurs, fruits bigarrés, relents d'essence et de kérosène se mélangent.

L'avenue Tu-Do, l'artère principale et le centre ville de Saigon essaient par leur architecture et leur agencement de copier la capitale française mais la saleté, le tintamarre, la pollution, la chaleur humide, suffocante et écrasante les singularisent autrement que cet apparat factice, malheureux héritage colonial de la splendeur de jadis.

Les treillis militaires tranchent avec le charme des Vietnamiennes habillées de leur *âo dài*, costume traditionnel composé d'un pantalon et d'une tunique colorée, un peu longue et près du corps.

Gardant en lui, sur lui et tout autour de lui les empreintes omniprésentes de la France, le Vietnam, ex-Indochine, tente de survivre, depuis déjà cinq ans, en se forgeant une identité nationale partagée entre l'épidémie communiste, la résistance vietcong et les protagonistes d'une indépendance plus libérale représentée en l'occurrence par les Yankees, les Américains bon teint.

La fin du monde s'annonce pour cette nation exténuée d'avoir connu trop de colonisateurs et de redresseurs de torts, et ce peuple s'étourdit de la folie des militaires qui ont perdu la notion même de la normalité à force de dompter la mort au quotidien.

Personne ne sait que cette fureur destructrice va encore durer jusqu'en 1975, que l'horreur n'aura qu'à attendre le lendemain pour toucher le paroxysme de l'insupportable car jamais, hormis la Seconde Guerre mondiale, de mémoire d'homme on n'aura vu une telle absurdité, une telle aliénation collective, comprenant pas moins de douze années de combats sans merci.

Pourtant en 1968, déjà, les jeux sont faits. Les Américains s'acharnent à ne pas reconnaître leur échec mais il est trop tard. Trop tard pour gagner. Trop tard pour nier ou échapper au néant. Quel que soit le vainqueur, il ne trouvera dans son triomphe qu'un goût d'amertume.

Ce pays condamné au désespoir forcé va souffrir pendant de trop longues années encore des cicatrices d'un conflit qui a mobilisé et corrompu plusieurs générations d'hommes destinés à ne vivre qu'un voyage au bout de l'enfer.

Il est trop tard : chacun se découvre dans l'impossibilité de se relever. Les batailles, les affrontements carnassiers dévorent tout sur leur passage. Le napalm fait table rase de l'espoir.

Un vent de poussière, de particules d'acier inonde d'un brouillard oppressant les rues de Saigon. Les déflagrations et un souffle de désolation emportent une âme solitaire au hasard de ce pays en guerre. Comme un passager clandestin, cet embryon de vie pénètre dans des jardins somptueux puis dans une honorable demeure de dignitaires autochtones.

Là, dans ce havre de paix, plus de grisaille ni de brumes polluantes. N'existe que la couleur. Couleur des atours féminins de la maisonnée, des teintures, des fleurs tropicales, des plantes luxuriantes qui laissent deviner la majesté de la campagne et des paysages propres à cette terre dont le rouge tranche avec le vert fulminant de la forêt et qu'autrefois, il y a si longtemps que l'on ne sait plus à quand cela remonte, on comparait à un continent de sérénité.

Près de la véranda, des enfants jouent. Les servantes s'affairent. La grand-mère veille. Un père trépigne... Quelque part à l'intérieur, une parturiente en plein travail geint.

Abandonné sur une table basse d'un salon de style asiatique, un journal marque la date du 28 juin 1968. Quelques secondes plus tard, alors que le conflit du Vietnam fait rage plus que jamais, un vagissement fend l'attente. Je nais et pousse mon premier cri...

– 2 –

## L'ODEUR DE LA CARAMBOLE

Nul besoin d'être astrologue pour certifier que j'ai choisi pour venir au monde le lieu et l'heure les plus défavorables... Comme le gouvernement interdit aux enfants vietnamiens de sortir du territoire, ma mère me donne son nom, à consonance française. Plus tard mon père lui demandera de rectifier mon état civil, en vain. Je ne m'appellerai jamais comme mes frères et sœurs. Chalumeau je suis née, Chalumeau je resterai...

De par mes ascendances, j'ai un huitième de sang « blanc ». Du côté maternel, l'histoire se résume au fait que le géniteur de Véra, ma mère, un Eurasien issu des amours d'un Français et d'une belle jeune fille du pays, porte par conséquent un nom aux résonances de terroir bien « franchouillard » : Chalumeau. Quant à Hung, mon propre père, né d'une grande famille de mandarins de la meilleure des castes de ce pays et fils de médecin, élevé à l'école française, il se réalise en prospérant en homme d'affaires respectable et respecté.

Tous deux divorcés, mes parents ont eu d'un premier lit une importante progéniture. Les enfants de mon père habitent le Canada. La fille du premier mariage de ma mère – ma demi-sœur prénommée Cécile –, Caroline et Julien – ma sœur et mon frère – vivent avec nous.

Alors que j'ai deux mois, Véra ma mère et Ba ma grand-mère s'expatrient en France avec la ribambelle d'enfants. Le chef de famille, toujours occupé par ses affaires, multiplie les allers et retours pour nous voir. Parfois le clan revient au pays. J'ai trois ans la dernière fois où je m'y rends et lorsque mon père dit adieu à ses racines.

Entourée de ma tribu et de Ung, mon grand-père paternel qui loge pas très loin de chez nous, je grandis à Saint-Germain-en-Laye, dans un superbe duplex décoré à la mode asiatique.

Vêtus selon leur tradition, nos aïeux nous nourrissent de mets savoureux inspirés de recettes millénaires. Ils nous parlent aussi vietnamien, une langue que je décline exclusivement au présent sans savoir ni la lire ni l'écrire. Pour être plus explicite, selon ce que j'ai pu en comprendre, dans la langue de nos ancêtres on conjugue les temps au présent en rajoutant un mot pour le transformer en passé, futur ou plus-que-parfait... Mais je n'ai pas eu le loisir d'assimiler ces subtilités...

En France, où les gens sont plus individualistes, la notion de famille est moindre ou quasi inexistante, mais chez nous elle est essentielle... « On fait des enfants pour qu'ils s'occupent de nous plus tard. » En l'occurrence, pourtant, ce sont surtout les aïeux qui, à Saint-Germain-en-Laye, s'occupent de la jeune génération.

De ma prime enfance, j'ai peu de souvenirs. Des couleurs, toujours. Des images, encore. Comme les illustrations d'un livre interdit et dont je ne parviens pas à décrypter les explications... Je garde comme des talismans les photographies de mes parents, de Hung, beau comme l'amant de Marguerite Duras, de Véra, majestueuse comme une déesse, une princesse de la dynastie des Minh, chevauchant un cheval céleste au cœur d'un désert de roses.

Ung, mon grand-père, me raconte l'histoire de notre pays et les contes et légendes de la tradition si chère à notre peuple. Pendant la guerre, il a officié dans un hôpital comme chirurgien. Tous ses souvenirs s'emmêlent dans une cosmogonie chatoyante et colorée.

Avec lui j'apprends à croire au destin, aux revenants, aux hommes qui ont certains pouvoirs, à naviguer sur le fleuve Rouge et le delta du Mékong. Je vois les tambours en bronze de la civilisation Dong-Son, célèbre mille ans avant J.-C., les transhumances des chasseurs nomades, la conquête des terres par la Chine et la domination du grand empire pendant plus de mille ans.

Cette nouvelle époque permet d'introduire l'âge de fer, le cheval, et ouvre la route de la soie et des épices. Viennent ensuite les Chams, un peuple de marins d'origine indonésienne qui occupent Hué, les côtes du centre et du sud depuis le IIe siècle et qui deviennent adeptes de l'hindouisme au contact des commerçants indiens. Je découvre leur tentative pour donner une de leurs princesses à la dynastie des Tran, en 1306, leur annexion par les Viets en 1470 bientôt suivie par la disparition de leur civilisation...

Le confucianisme remplace alors le bouddhisme comme idéologie d'État et instaure un mode de gouvernement bureaucratique où la fonction impériale détient un mandat céleste.

Des guerres, des rivalités encore, des luttes perpétuelles entre les autres peuples indochinois, notamment les Khmers, ponctuent le déroulement des siècles. Une constante demeure pourtant : le peuple du Vietnam, un peuple de paysans frêles, vit en accord intime avec la nature. Les pieds dans la boue des rizières, par son attachement aux valeurs ancestrales, il réussit même à vietnamiser l'étranger. Personne, conquérants et colonisateurs, ne vient à bout de sa résistance sur le terrain.

Mon peuple trouve sa noblesse dans la pauvreté et les souffrances. « Mieux vaut devenir un fantôme du Sud qu'un prince du Nord », clamait le général Tron Binh Trong avant de périr exécuté par les Mongols en 1257.

Grand-père Ung me parle encore d'autres héros, tel le prince Ham Nghi, déporté à dix-huit ans en Algérie par les Français, à la fin du XIX^e^ siècle.

– Pour le Vietnamien, commente-t-il, l'exil n'est pas un but ou une fin en soi mais une étape. Ne l'oublie jamais, Élise...

– Grand-père, l'exil, c'est un voyage à dos de corbeau ?

Ung sourit et caresse ma face de lune aux yeux d'amandes.

– Pas exactement, reprend-il patiemment, devinant que je lui demande de me raconter à nouveau le conte du carambolier, un arbre réputé pour ses fruits juteux mais rabougris.

– Pourtant le corbeau...

– Souviens-toi, fillette. Il s'agit de deux frères. À la mort de leurs parents, l'aîné prend tous les biens et le cadet hérite d'une paillote, d'un lopin de terre sur lequel pousse un carambolier misérable et malade dont lui et sa femme prennent pourtant grand soin. L'arbre se développe et donne de beaux fruits.

À partir de ce moment-là, un immense corbeau vient les manger au grand dam du pauvre couple, mais l'oiseau entend ses lamentations et lui annonce :

– Des caramboles je mange, de l'or je rends !

Dès lors, à la fin de chaque repas, le rapace installe le frère cadet sur son dos et le transporte sur une île où le malheureux peut remplir sa besace de pierres précieuses.

La vie du couple change : celui-ci connaît l'opulence et vient en aide aux miséreux. L'aîné découvre la bonne fortune de son frère et décide de le convaincre d'échanger leurs biens. Aussitôt dit, aussitôt fait.

Cependant, lorsque le corbeau revient et invite l'avare sur l'île, celui-ci veut doubler la mise et prend deux fois plus de richesses que son frère et que la quantité préconisée.

– Et alors ?

– Sur le chemin du retour, l'oiseau, déséquilibré par le poids de sa cargaison, tangue et balance dans la mer l'aîné qui disparaît dans les flots...

– Et l'oiseau, grand-père ?

– Il réussit à revenir au rivage sain et sauf.

– Mais ça veut dire quoi ?

– Que Dieu aide les bons et punit toujours les méchants.

*
**

Aucun souvenir. Si ce ne sont des icônes de vestales sacrifiées à l'éternité. Des légendes de l'empire du Milieu au royaume du Soleil levant. Aucune réminiscence. Si ce n'est celle d'un ressenti, d'une fascination envers ma mère.

Belle, sophistiquée, elle s'habille à l'européenne, comme une gravure de mode en vogue, intouchable. Presque irréelle. Toujours impeccable. Les ongles des mains peints avec deux couleurs différentes. *Half and half.* Une moitié blanche, une moitié carmin. Une délimitation impeccable. Sans doute cela semblera-t-il étrange que j'attache autant d'importance à ce détail, mais cela caractérise bien ma mère.

Au Vietnam, cette femme entourée d'une armada de domestiques et de nounous ne faisait rien. En France, elle instaure immédiatement le même fonctionnement, à la différence près que c'est ma grand-mère qui se charge de toute l'organisation domestique : les enfants, la cuisine et les mille détails qui rendent un intérieur accueillant. Les meubles qui nous entourent, des antiquités asiatiques, entretiennent le sentiment que nous habitons un palais...

Mon père n'est guère présent, souvent parti en voyage d'affaires pour conserver envers et contre tout sa fortune.

Je grandis. Ma sœur Caroline me couve et s'occupe

bien de moi. Je la vénère. J'aime qu'elle m'aime mais par-dessus tout j'idolâtre l'impératrice du Soleil levant, ma mère.

Je le répète. Belle, si belle, si parfaitement irréelle et intouchable. Belle à regarder, mais bardée d'interdictions d'approcher. Il ne faut rien déranger dans sa mise. Ne pas froisser un seul pli de sa coiffure, un seul cil, le moindre grain de riz sur la peau, le bouton de rose du rouge à lèvres...

Elle ne passe que pour être admirée. Parfois le soir, dans mon lit, suprême récompense, elle vient me border et m'octroyer un baiser. Mon cœur alors explose dans un soleil. Et je m'endors heureuse en reniflant, essayant de la sorte de retenir son parfum. Mais celui-ci s'évapore trop vite et se fond dans l'éther où se cachent les esprits et les revenants tant prisés par grand-père.

Dans mon sommeil, j'assiste à des représentations du théâtre nô japonais ou à des opéras chinois. Sous des masques colorés, au son des tambours, je reconnais les protagonistes de mes contes préférés. Plus que la musique, la gestuelle des personnages me captive et j'ai hâte de les imiter.

## – 3 –

## LA DÉESSE MÈRE

J'ai cinq ans. À cet âge, mes certitudes se fendillent et se laissent pénétrer par un semblant de vérité. Ce qui dérange et déplaît parvient à ma conscience. Nous n'habitons plus l'élégant duplex de Saint-Germain-en-Laye mais un trois pièces dans un quartier un peu moins huppé de la même ville.

Mon père s'absente de plus en plus. Quand il est là, on n'entend que le bruit de disputes entre les parents. Ma mère resplendit toujours mais je la surprends souvent « en flagrant délit d'humanité », comme l'écrivait Pagnol... Elle manque cruellement d'attentions à notre égard. La vigilance maternelle ne fait pas partie de ses qualités. En a-t-elle d'ailleurs ? Certes, les atouts ne lui font pas défaut. Mais hormis l'indubitable suprématie de sa beauté, qui est-elle ? Une femme qu'il ne faut pas contrarier. Une égoïste, une égocentrique qui exige que le monde tourne autour d'elle, de ses désirs, de ses exigences. Uniquement occupée à plaire, elle passe ses journées dans les magasins et ses soirées dans les réceptions.

Quand elle revient à la maison, on se doit de lui obéir. À la moindre incartade elle pique des colères terribles, quand ce ne sont pas des crises de nerfs. Mon père, mon frère et mes sœurs en font les frais. Je n'ai pas à me plaindre : en dernière position, je suis la plus favorisée. Elle ne me prend pas comme bouc émissaire. Ce qui signifie qu'elle m'ignore.

Certains disent que je lui ressemble physiquement mais déjà je refuse la comparaison. Bien plus tard, à l'âge d'être mère moi-même, je vais m'appliquer à ne jamais reproduire ses réflexes, ses traits de caractère. Quitte à me mortifier, à m'autocensurer, je me défends de la plus petite résurgence. Je n'ai rien à voir avec elle...

La situation familiale se dégrade. Mon père subit des revers financiers. Alors que sa firme représentait nombre de marques prestigieuses dans son pays, il se voit obligé de monter d'autres affaires ; il envisage de créer une nouvelle ligne – révolutionnaire – de raquettes de tennis, il projette de concevoir des appareils antipollution pour filtrer l'eau de la Seine mais ses projets périclitent.

Peu à peu, il se dépouille. Ma mère provoque de plus en plus de scandales. Même grand-mère Ba n'ose s'en mêler. Personne ne bronche. Véra n'est jamais contente et, maintenant que le standing familial se détériore, elle ne bride plus sa nature caractérielle. Parfois mon père craque, il répond, et la furie se déchaîne. Un mot de trop ? Elle tire la nappe de la table et les mets si finement préparés par notre aïeule s'écrasent au sol dans un fracas de vaisselle brisée.

Quand Véra perd le contrôle je m'évade. Je m'envole, comme Alice, au pays des merveilles et de l'imaginaire.

La voix de Ung me murmure les aventures sentimentales de Ngoc Tâm, un jeune paysan amoureux de Nhan Diêp, sa femme, une charmante coquette bien trop portée sur le luxe, qui meurt brutalement dans la fleur de l'âge.

– Désespéré, Ngoc Tâm, me répète inlassablement grand-père, s'embarque alors avec le cercueil à bord d'un esquif. Après une longue errance, il rencontre un génie qu'il supplie de rendre la vie au tendre objet de son affection. Celui-ci accepte à condition que le jeune paysan se coupe le bout du doigt et verse trois gouttes de sang sur le corps de sa femme... Dès que c'est fait, Nhan Diêp revient dans le monde des vivants.

Sur le chemin du retour, tandis qu'il ne cesse d'admirer sa bien-aimée, celle-ci lui fausse compagnie pour s'acoquiner avec un riche marchand. S'ensuit une course poursuite. Notre jeune héros retrouve l'infidèle et lui dit : « Avant de m'oublier tu dois me rendre les trois gouttes de sang données pour te sauver. »

Satisfaite de s'en tirer à si bon compte, la coquette obtempère. Elle se pique le doigt mais, au moment où le sang coule, elle meurt... Dans l'impossibilité d'accepter son sort, la défunte se métamorphose en insecte et poursuit sans relâche le pauvre Ngoc Tâm dans l'espoir de lui voler les trois gouttes de sang qui lui redonneraient figure humaine.

– C'est ainsi, termine grand-père, que mourut une gourgandine et que surgit dans la faune animale une bestiole du nom de moustique.

En attendant... spectatrice malgré elle de ces réactions excessives, la petite fille que je suis encore attend désespérément un geste de reconnaissance... En vain.

Pourtant mon père s'acquitte avec dignité de ses devoirs de chef de famille et subvient aux besoins de chacun, même de sa belle-fille. Personne ne manque de rien matériellement. Mais est-ce vraiment suffisant ?

À l'école maternelle, comme je suis la seule Asiatique, on m'appelle la Chinoise et cela renforce insidieusement mon isolement et mon désir d'intégration. Caroline, qui prend beaucoup de cours de danse classique, m'entraîne dans son sillage.

Vers six ans, je commence moi aussi à me passionner et je cours fréquemment au conservatoire de la ville où Dany Sazy, une femme professeur merveilleuse, me transmet l'amour du métier.

Souvent je dérobe à ma sœur ses pointes pour me lancer dans des chorégraphies et des improvisations spontanées. Mon imagination me pousse toujours à inventer de nouvelles variations.

Très vite Dany remarque mes dispositions et en parle

à ma sœur puis à mes parents. Mais mon père refuse que je suive cette voie.

– Au Vietnam, dit-il, les danseuses sont des filles de mauvaise vie.

Ma mère se montre plus modérée.

– Vous nous conseillez de l'inscrire à l'Opéra. Pourquoi pas ? Mais je vous préviens, je ne m'occuperai pas de l'inscription. Si vous y tenez, dit-elle encore à mon mentor, occupez-vous en vous-même.

Ce sera bientôt chose faite. Dany, qui est maman elle aussi, veille sur moi avec la tendresse d'un cœur aimant. Je ne prendrai d'ailleurs réellement conscience de son affection que lorsque j'en aurai fini avec ma vocation, à l'heure du bilan...

Mais pour l'heure il me faut avancer, me perfectionner avant d'envisager d'entrer dans la prestigieuse école nationale. Afin de me dissoudre dans la mouvance et d'adopter un mode de vie à la française, je ne supporte plus ma langue natale.

Tandis que je fuis de plus en plus les affrontements de mes parents, je continue de vivre dans un univers où les arabesques, les demi-pointes rythment mes émotions et dissimulent mes chagrins. J'ai envie de danser. Encore et encore. Toujours plus. Quand je danse, je suis contente. Je me sens dans mon monde. Rien n'est difficile. Je réussis tous les pas.

À l'école primaire, j'obtiens une dérogation pour me rendre à la salle Pleyel et suivre les cours d'Yvonne Goubé dont la fille, Jennifer, est sujet à l'Opéra.

Là je fréquente des originaux, Rita Talia, un autre professeur, géniale et farfelue, Serge Peretti, un danseur étoile de l'époque de Serge Lifar, un grand maître, professeur de Jean-Yves Lormeau, qui va devenir un de mes guides. De six à neuf ans, je ne vis plus que pour ses cours particuliers, le vendredi soir.

Années merveilleuses où la gentillesse des uns et ma prédisposition naturelle à exécuter facilement les exercices imposés les plus ardus me font entrevoir un avenir de conte de fées que je me crée de toutes pièces.

Toujours est-il que je progresse. Et je trouve dans ces cours un environnement affectif et des compensations artistiques qui m'aident à supporter un contexte familial de plus en plus pesant.

L'appartement se rétrécit encore. Les tiraillements augmentent. Mes parents divorcent. Mes sœurs poursuivent leurs études en étant de plus en plus livrées à elles-mêmes. Ma mère, mon frère et moi nous installons dans un studio près du parc Monceau.

*
**

Au printemps 1978, âgée de neuf ans et demi, portée par ma passion, je me présente à la visite médicale préliminaire exigée par l'Opéra de Paris. Il y a évidemment un médecin, mais aussi la directrice de l'école de danse de l'époque. Jugée apte, je peux participer au cours de danse éliminatoire. On m'accepte. Je peux alors suivre, à l'Opéra même, le stage de trois mois qui mène au concours d'admission, lequel doit se dérouler salle Bailleau, située sous la coupole – immense chapeau en forme de chou à la crème – qui surplombe le légendaire palais Garnier.

Le palais Garnier ! Je pars à sa découverte avec émerveillement. Je bée d'admiration chaque fois que je découvre une salle, un couloir de ce lieu mythique construit par Charles Garnier du temps de la rénovation de Paris par Haussmann et achevé en janvier 1875.

Telle une touriste devant un saint-honoré à la crème chez Ladurée, je le dévore des yeux comme s'il allait m'échapper... Et je le parcours en tous sens pour me l'approprier. Affamée de culture je contemple la moindre rotonde, je me mire dans l'or dont le palais regorge, j'emprunte le grand escalier à double révolution, érigé de marbres de différentes couleurs, qui mène aux différents foyers, dont le plus grand et le plus célèbre rivalise avec les galeries des châteaux les plus prestigieux.

Treizième salle d'Opéra depuis la création de l'Académie royale de musique par Louis XIV en 1661, musée-théâtre, lieu de culte culturel, foisonnant de brocarts, de peintures, de dorures et de sculptures, le palais Garnier devient mien. Lorsque je le regarde, en fillette amoureuse, j'aime tous ses excès, même ceux qui frisent le mauvais goût et l'exagération rococo du XIX<sup>e</sup> siècle. J'oublie les surcharges de ses allégories, des statues de bronze ployant sous des bouquets de lumière, je ne vois que sa gloire.

En le découvrant comme une jeune fille qui fait ses premiers pas dans la haute société, je côtoie les ombres des courtisanes en crinolines, la dame aux camélias et les beaux messieurs qui créaient l'événement théâtral bien au-delà des planches elles-mêmes...

Un bonheur fulgurant, incoercible, me pénètre. Seul le présent compte. Sans doute suis-je trop immodérée, enthousiaste, irréfléchie. Mais la cadence des cours qui s'enchaînent, le matin à l'école et l'après-midi dès 15 heures me galvanise. C'est fou, lorsque j'y repense, de voir comment se dessine un destin...

Parallèlement à cette intense activité, je continue de m'entraîner avec Yvonne à la salle Pleyel et avec Dany dans mon fief.

Dany ne peut s'empêcher de me mettre en garde :

– Sais-tu que c'est dur, la voie que tu as choisie ?

– Ce n'est pas grave, ce dont j'ai envie, c'est de danser.

– Sais-tu qu'il te faudra demeurer en pension, loin de chez toi ?

– Je saurai comment m'occuper.

– Cela va durer de longues années...

– Je n'en aurai jamais assez pour me perfectionner...

– Élise ?

– Oui ?

– Es-tu sûre de toi ?

– C'est la seule chose dont je ne doute pas et qui peut me faire vivre...

Petits exercices de barres, pointes, demi-pointes, pliés, arabesques. Je travaille sans ressentir aucune fatigue. La danse s'inocule dans mes veines. Lentement, au fil des jours, je me laisse envoûter par le jeu des miroirs. Je n'existe que dans le regard de l'autre. La représentation du geste devient une médication dont je ne peux plus me passer. Les professionnels le disent : « La scène est une drogue. » Et moi, comme tous les autres, je m'assujettis à cette dépendance. J'entre en religion et deviens une mystique des planches.

Il suffit que je pénètre dans un théâtre ou dans l'amphithéâtre (c'est ainsi que j'appelle la salle de spectacle de Garnier), que j'assiste à une mise en scène ou à une répétition de ballets pour que mon âme irradie d'une joie indicible. Emportée par la grâce, la beauté, bercée par l'élégance aérienne du geste et la recherche de perfection de chacun des interprètes, j'oublie mes peines et découvre un souffle puissant qui me transporte au-delà des frontières, enfin le quotidien perd de son importance.

Fin juin, l'examen a lieu. Encore une fois, je ne me souviens de rien. Ne subsistent qu'une impression de trac, de panique assourdissante, le regard du jury, qui me poursuit des jours durant comme si mille yeux me guettaient en permanence pour épier défaillances et erreurs. Peu me chaut ! Six cents se sont proposés, une dizaine d'enfants sont acceptés, dont ma pomme... Eh oui ! Je suis reçue et le monde m'appartient.

Pendant l'été, je pars avec ma nouvelle amie Joséphine, que j'ai connue pendant le stage à l'Opéra, chez ses parents au bord de la mer. En septembre, une nouvelle existence m'attend. Que dis-je ? Je vis déjà dans d'autres sphères. La famille de Joséphine m'accueille généreusement, je découvre la légèreté, la bonne humeur sans crainte de représailles. Je me sens acceptée, fêtée.

Tout devient jeux et danses. L'imagination en folie me

pousse à inventer avec Joséphine des déguisements pour des spectacles de ballets que nous présentons sous l'œil ravi des adultes. Je suis en train de m'européaniser, de gommer les références qui me renverraient à ma mère.

Pour me différencier d'elle, j'occulte la moindre réminiscence et toutes les preuves qui attestent de ma nationalité et de mon appartenance au continent asiatique. Par sa finesse, mon joli minois joue sur l'ambiguïté.

Lorsque je regarde les photographies de l'époque, où je souris soit en tutu soit en jupe plissée, col blanc et blazer marine, je distingue à peine mes yeux étirés. La silhouette à la Hokusaï pour lequel j'aurais pu poser quelques mois plus tôt emprunte désormais un classicisme et une élégance qui n'ont rien à envier à un Zurbaràn. Ma prestance brune peut se confondre avec celle d'une Espagnole un peu typée. Et comme n'importe quelle fillette d'une dizaine d'années, l'apprentie ballerine que je suis s'esclaffe de joie à la moindre broutille : sans même songer à pavaner, elle a la vie devant elle.

Je reste et demeure une petite fille en quête de tendresse. Habitée par la seule certitude de trouver dans mon rêve l'affection tant escomptée, je m'engage dans l'aventure de la danse comme une promise se voue au carmel ou à l'élu, sans douter un instant de ce qui m'attend. Je le sais, je le crois : ma vocation va m'offrir une nouvelle famille, bien plus grande, bien plus sereine que celle d'où je viens et me donner l'amour dont j'ai besoin.

– 4 –

# INTERMEZZO

La danse... C'est aussi nourrie de son histoire que je me suis mise à l'aimer. Pendant des années, je me suis enivrée de cette métamorphose étrange, qui part de la vénération des dieux pour aboutir à l'idolâtrie toute païenne dont jouissent les étoiles...

Aussi ancienne que le monde est monde, car dès qu'il y a grâce dans un mouvement on peut le considérer comme une chorégraphie, la danse a ravi les yeux des simples mortels au cours des civilisations en Perse, en Égypte, en Chaldée, en Assyrie et Judée, jusqu'aux Indes, au Japon, en Chine, en Grèce ou à Rome avant de se développer en Europe occidentale pour faire les beaux jours du Moyen Âge, de la Renaissance, de l'époque classique et des Temps modernes.

Créée dans l'Antiquité pour interpeller les dieux – ou Dieu –, la danse permet alors d'obtenir guérisons, fertilité, ou de commémorer des rites sacramentaux en l'honneur de mariages, funérailles et autres fêtes. À travers elle, Dieu descend sur terre et s'incarne dans le danseur. Allégé de son moi, de sa condition d'être humain, dans un état second proche de celui de l'inspiration, de l'illumination ou de l'extase, ce dernier montre à ses semblables comment mener la marche du monde.

Mais la danse va évoluer au cours des siècles...

Bientôt les paysans célèbrent les rites de la nature et, selon les modes, les nobles essayent de nouveaux pas. La danse devient un phénomène social. Dans les cours, des trouvères et des baladins proposent moult divertissements et invitent leur public à esquisser quelques pas.

On s'abandonne alors à la *basse-danse* (qui bannit le moindre saut), à la *pavane* annonciatrice des opéras-ballets et autre *gaillarde* ou *courante* en provenance d'Italie, sans oublier la *valse sauteuse* allemande, la *bransle*, aïeule du menuet, la *gavotte* française et la *morisque* (ou *moresque*) d'Espagne...

En 1489, au mariage d'un duc de Milan avec une demoiselle d'Aragon, on assiste à un intermède appelé *intermezzo*, une sorte de ballet offert aux convives pendant qu'ils attendent entre les mets les différents services...

Outre-Manche, les poètes anglais Shakespeare et Milton conçoivent des scènes parlées et mimées sur des musiques écrites, entre autres compositeurs, par Purcell...

En 1661, Louis XIV établit l'Académie de danse et celle-ci quitte le domaine de la cour pour conquérir l'univers du théâtre, bénéficiant ainsi du talent de Lulli qui, le premier, lui accorde beaucoup d'importance. Simultanément, monsieur Molière introduit dans une de ses pièces, *Le Bourgeois gentilhomme*, le morceau d'anthologie que l'on connaît.

À cette époque émergent une terminologie et une tradition (discipline comprise) encore utilisés de nos jours dans les conservatoires et écoles de danse. À titre d'exemple, l'usage de la révérence par les petits rats pour saluer leurs maîtres date de ce temps-là...

Avec le théâtre et les jeux de la cour, le danseur, l'artiste, retrouve les subtilités de son moi et les intrigues qui vont avec.

Le 31 décembre 1721, au palais des Tuileries, les airs de danse prennent officiellement le nom de ballet. En 1727, un certain Rameau (qui n'a aucun lien de parenté avec le compositeur du même nom) écrit *Le Maître à danser*. Dans cet ouvrage, il relate l'évolution des différentes chorégraphies de l'Opéra ; il dessine et définit les six positions des jambes, des pieds, des bras et des mains, en vigueur encore aujourd'hui, qui constituent l'alphabet du danseur, permettant ainsi à chaque membre d'un corps de ballet de se placer et de suivre une chorégraphie par l'énoncé des figures imposées.

Sept ans plus tard, peu de temps après l'apparition des premières danseuses sur les planches, Rameau, le musicien, enchante ses contemporains avec *Les Indes galantes,* une comédie musicale avant l'heure...

Les atours et les techniques évoluent eux aussi. Sous le Directoire, le soulier à talon cède la place au petit chausson de demi-pointe. Les danseurs abandonnent le pantalon et adoptent le collant. En 1818, la pointe s'impose. En 1832, lors d'une représentation de *La Sylphide*, les paniers tombent. Apparaît la jupe courte, signe avant-coureur du tutu que portent actuellement les danseuses.

Au début du XIXe siècle, le danseur s'efface devant sa partenaire. Surgit une génération de danseuses étoiles plus prestigieuses les unes que les autres.

Le chausson se pare de satin, le tutu de tulle. Les figures deviennent plus habiles, plus périlleuses. Théophile Gautier écrit l'argument théâtral de *La Symphonie en blanc majeur* et de *Giselle.*

Le spectateur peut alors admirer des *piétinés*, des pas courus sur la pointe, des *pirouettes* exécutées en *diagonale* ou en *manège*, des *fouettés*, des mouvements de jambe qui donnent de l'élan à la rotation d'un tour, des *déboulés*, des petits et grands *jetés* qui projettent le corps de l'artiste dans l'espace, des *entrechats* et autres *sauts de chat*...

À l'ère du romantisme, on reconnaît la danse comme « classique » et celle-ci compte désormais dans ses leçons des exercices dits de *batterie* (lorsqu'il y a un changement de pied afin de mettre en avant celui qui est en arrière et inversement), des *exercices de barre*, les pratiques de l'*adage* « joué » à deux, une fille et un garçon, et les *arabesques* où la jambe arrière est tendue dans un bel angle tandis que l'artiste se repose sur son autre jambe droite comme la colonne d'un temple.

L'adage se danse donc à deux, ça s'appelle *pas de deux*. La *variation*, elle, s'exécute seul(e). Quand on dit *pas de trois*, c'est à trois, *pas de quatre*, c'est à quatre. *Valse*, en général, c'est sur un temps de valse, une musique de valse. Ça peut se danser à plusieurs ou à deux.

Pour illustrer la pléiade des chorégraphies mises à la disposition des danseurs afin de démontrer leurs talents, il est nécessaire d'en citer au moins deux dans un répertoire désormais... classique : *La Sylphide* et *Giselle.*

*La Sylphide* s'inspire d'une légende d'un lutin d'Écosse adaptée par le chorégraphe Corelli pour *La Tempête* de Shakespeare. En 1830, Nourrit – un chanteur – et Taglioni, un danseur, remettent le livret au goût du jour pour célébrer la fille du danseur, Marie Taglioni, à laquelle on impute d'ailleurs l'invention de la pointe. Succès immense et immédiat ! Les Parisiens se « taglionisent ». *La Sylphide,* devenue adjectif, s'accommode même en turban dont les coquettes parent leur chevelure.

Présentée au public pour la première fois le 28 juin 1841 (le jour de mon anniversaire !), *Giselle* est née de l'imagination de Théophile Gautier (auquel on doit l'expression « petit rat ») afin de mettre en valeur Carlotta Grisi, une jolie et talentueuse ballerine, elle-même rivale de la sylphide tagliatelle.

Bien qu'elle se veuille originale, l'histoire basée sur le thème de la métamorphose ne l'est guère : Giselle, une campagnarde amoureuse d'un prince déguisé en paysan, succombe à la suite de mille péripéties champêtres après avoir découvert l'identité de celui qu'elle aime. Au deuxième acte, transformée en Willi, une sorte de fantôme des bois, par la reine des fiancées mortes, Giselle danse pour son prince avant de s'évanouir dans la nuit telle Cendrillon aux douze coups de minuit, provoquant le décès de son prétendant désespéré.

Quant aux autres ballets, les initiés et autres abonnés de l'Opéra citent toujours comme références *Le Lac des cygnes*, *La Belle* (Aurore) *au bois dormant*, *Casse-Noisette*, sur des compositions de Tchaïkovski, mais aussi *Le Songe d'une nuit d'été* et *Roméo et Juliette*, plus récemment encore *Notre-Dame de Paris*. Dans le répertoire masculin, on note aussi *L'Oiseau de feu*, *La Bayadère*, *Don Quichotte*, *Le Corsaire* et *Le Sacre du printemps*, sans oublier le superbe *Salomé* de Béjart.

Servies par de telles créations, Taglioni et Grisi mènent le bal et le ballet. Avec elles, les femmes s'affichent en haut de la distribution. D'autres ballerines leur succèdent. Zambelli, Tamara Karsavina, la Pavlova marquent la postérité.

En 1910, après un siècle de règne, les danseuses doivent céder le pas à leurs homologues masculins. Le public français, fort ému d'avoir assisté aux spectacles des Ballets russes promus par Serge de Diaghilev, l'illustre imprésario ami de Cocteau et du Tout-Paris, voit s'imposer de nouvelles personnalités et un style plus moderne. En tête de file, Nijinski, étoile parmi les étoiles, permet au danseur de reprendre la place (d'honneur) dont il avait été privé par la Taglioni.

Vient une époque glorieuse. Nijinski – toujours lui – marque son temps par son interprétation de *L'Oiseau de feu*, sur une musique de Stravinski et une chorégraphie de Fokine.

En 1924, Serge Lifar, engagé par l'Opéra de Paris, s'illustre lui aussi par ses rôles et ses chorégraphies.

Depuis, les danseuses (Janine Charrat, Jacqueline Rayet, Claude Bessy, Claire Motte, Ghislaine Thesmar,

Margot Fonteyn, Yvette Chauviré, Noëlla Pontois), les danseurs (Cyril Atanassoff, Michaël Denard, Rudolf Noureev, Jean-Yves Lormeau, Michel Renault, Daniel Franck, Patrick Dupond) et les chorégraphes – George Balanchine, Maurice Béjart, Roland Petit – se sont inscrits eux aussi dans la légende.

Dans les annales de l'Opéra, certains titres, certains noms s'associent et rejoignent ensemble l'immortalité ; ainsi Noureev et Fonteyn, Denard et Thesmar...

Plus récemment une nouvelle vague a surgi, composée de Sylvie Guillem, Marie-Claude Pietragalla, Monique Loudières, Aurélie Dupont, Agnès Letestu, Isabelle Guérin, Élisabeth Platel, Élisabeth Maurin, Manuel Legris, Laurent Hilaire, Nicolas Le Riche, José Martinez, Éric Vu An...

Mille noms, mille étoiles au firmament. J'en oublie certainement. Qu'elles me pardonnent. L'enchantement irradie l'infini et je ne vois plus qu'une immense lumière. Mille étoiles éclatées dans un seul feu, source de fusion volcanique, mille étoiles éclatées dont j'ai oublié le nom.

# – 5 –

# L'ÂGE HEUREUX

Âge heureux que ces premiers mois passés dans la grande maison, ainsi qu'on la nomme. Quelle joie de filer par l'entrée des artistes, de grimper les huit étages et de courir dans les innombrables couloirs pour rendre visite à l'atelier de couture, aux salles de répétitions où parfois l'on surprend des étoiles transformant un pas en œuvre d'art... Images magiques volées au secret de la création.

*L'Âge heureux*... c'est le titre d'un feuilleton télévisé des années soixante-dix, où l'on assiste aux aventures de petits rats faisant leur apprentissage. Sauf que le décalage est très frappant entre la fiction et la réalité. Dans l'œuvre romanesque, les professeurs marquent la mesure avec leurs mains mais, en vérité, certains le font avec une baguette. Et si par malheur on ne s'applique pas, il arrive que le coup parte tout seul. Un détail qui dénote sans fioritures le hiatus existant entre le fantasme et la dureté de la formation.

Comme les personnages de la fiction, je fais mes

gammes en arc-boutant mon corps sur la barre et en observant les angles afin de former dans les miroirs une image de la perfection.

Par les fenêtres arrondies de la rotonde de la Zambelli, une grande danseuse du siècle passé, nous regardons les toits de Paris, à quelques arabesques et triples sauts du ciel. Un jour même, comme tous les petits rats avant nous depuis que la danse existe, une copine et moi osons nous aventurer à l'extérieur. Magie grisante des toitures de Garnier toutes recouvertes de matériaux gris inoxydable... Des pentes et des renfoncements. Un labyrinthe aérien à ciel ouvert. Peurs et tremblements devant l'interdit et le vertige. Extase de pouvoir effleurer les statues et les ailes des anges en bronze. Horreur aussi lorsque nous revenons à notre point de départ – un œil-de-bœuf de la rotonde – et que nous nous apercevons que la fenêtre s'est refermée derrière nous ! Nous sommes alors contraintes d'attendre ainsi à l'extérieur, toujours vêtues de tutus dans le crépuscule qui s'obscurcit. Quand on nous a enfin ouvert, l'accueil fut plutôt sévère...

Mais tant pis pour les punitions. Tous les recoins que nous arpentons ou explorons apparaissent comme des lieux mythiques, chargés d'histoire et d'émotions. La moindre expédition prend des allures de fête. Sautillant de droite, de gauche, au hasard des enfilades que forment les couloirs interminables de ce temple, je ne vois rien de la vétusté environnante, des peintures écaillées, des ampoules dénudées, je cours au petit bonheur la chance, les yeux pleins d'étoiles, de dragons bigarrés, de tigres du Bengale ou encore de fées, de princes et de bons génies parés de couleurs chamarrées.

Je me souviens de la première fois où la surveillante nous a emmenés sur le plateau, sur la scène de la salle de spectacle du palais Garnier, cette salle construite à l'italienne, en forme de fer à cheval.

De la coulisse je m'approche... Le rideau de fer est levé. Les pleins feux m'aveuglent. Je m'approche encore... Et à travers l'illumination des projecteurs j'aperçois le parterre vide, rouge et or, magnifique.

Je lève les yeux sur le plafond peint par Marc Chagall, le peintre d'origine russe aux métaphores épiques et joyeuses, fou de fleurs, de paysages et d'amoureux, et dont le lyrisme symbolique fit dire à André Breton qu'il était le précurseur du surréalisme. Pour répondre à une commande d'André Malraux, alors ministre de la Culture, Chagall signa ainsi la voûte céleste de notre palais Garnier où il s'ingénia à faire figurer les plus illustres pièces de notre répertoire...

Interrompant ma contemplation, je reviens sur terre. On doit se regrouper dans le foyer de la danse pour se définir par division, c'est-à-dire par classe et par ordre de grandeur, et pour revoir ensemble la répétition du prochain grand défilé...

Tandis que les ordres fusent, que chacun répète un mouvement, j'observe la troupe, petits et grands. Notre école se décline presque comme un lycée, de la cinquième pour commencer jusqu'en première, moment où les élèves passent leur bac. On compte donc cinq divisions. L'école est entièrement gratuite et mixte, ouverte aux garçons et aux filles qui ont décidé de faire de la danse un métier.

Afin de pouvoir être ensuite accepté(e) dans le corps de ballet, il faut au moins avoir décroché le BEPC. Pendant la scolarité, les petits rats peuvent participer à des spectacles, histoire d'entrer en contact avec la profession et, chaque année, ils passent un examen. Mais je l'expliquerai plus en détail le moment venu.

Peu de temps après mon intronisation, tout en poursuivant les cours, nous participons à des ballets et nous partons bientôt en tournée au Japon. Là encore, j'ai du mal à y croire et je dois me pincer pour me rendre à l'évidence : ce que nous vivons est bien réel ! Je ne danse plus, je survole, vole sur la scène, les hôtels que nous fréquentons sont autant de palaces et l'accueil que nous recevons dépasse l'entendement. J'appartiens à une compagnie qui n'a rien à envier aux rois du pétrole ! Tout, dans les moindres détails, est là pour nous entraîner dans un univers où le quotidien n'a plus cours.

Nous sommes des extraterrestres et nous perdons les repères qui meublent habituellement l'horizon du commun des mortels. Pour ma part, je ne vois plus ma mère que le week-end, et encore... quand je ne suis pas invitée chez des amies.

Grâce au rythme effréné auquel les petits rats sont astreints, je n'ai plus le temps de me lamenter sur mes manques affectifs et mes désillusions familiales.

Je m'accroche désespérément à mon rêve. Je ne vois que lui. Il tient à quelques lettres, un seul mot : la danse !

Bientôt se profile la préparation du grand défilé qui se reproduit en général tous les deux ans à l'occasion d'un gala ou à l'ouverture d'un grand spectacle.

Les plus anciens de la maison se souviennent justement de ce soir du mois de septembre 1964 où, pour consacrer et inaugurer le plafond réalisé par Chagall, une œuvre divisée en cinq parties où dominent des tonalités fortes, voire brutes, telles que le rouge, le jaune et le blanc, et dont les thèmes rendent hommage à Mozart, Wagner, Berlioz, Ravel, Moussorgski mais aussi à des comédiens et danseurs renommés, le public admira ce grand défilé suivi par le ballet *Daphnis et Chloé*. Un événement qui vous marque à vie... Quelles que soient les générations !

Enfin les répétitions de « notre » défilé arrivent. Bientôt le grand jour. Ce qui n'était qu'ébauche devient concret.

Mon tutu me chatouille : je n'y suis guère habituée. C'est une des premières fois que je le porte.

À l'instar des plus grands, nous avons dû subir un nombre indescriptible de séances d'essayage avec les costumières. Car, enfants ou adultes, nous avons tous droit à du « sur mesure ».

Ce rituel, ajouté à tous les autres, contribue à la magie du spectacle, à cet envoûtement incompréhensible pour ceux qui n'appartiennent pas à la tribu des artistes. Ce sont ces artifices, ces « extras », ces paillettes qui aident à supporter le rythme, les cadences intensives, la démesure des efforts. Le superflu permet de faire glisser l'indigeste et transcendantal apprentissage du perpétuel dépassement de soi. Surtout pour les petits rats que nous sommes.

Trois filles sur scène. Toutes en ligne. Synchro. Nous venons de nous échauffer, sur place, avant le lever du rideau. En attente. Sur le qui-vive de nos starting-blocks...

Prêtes non à bondir mais à avancer, nous nous exécutons. Le départ est impressionnant. Il faut coordonner son pas à celui de sa voisine. Déjà les plus petites nous précèdent. Un, deux, trois, quatre... Nous comptons, comme nous avons appris à le faire pendant nos leçons « de marche ». Je me sens une vraie danseuse.

J'entends la voix du maître de ballet nous marteler ses ordres :

– Tendez bien vos pointes. Relevez la tête. Souriez ! Il doit être évident que vous ne faites aucun effort... Souriez... encore, voilà, c'est mieux. Soyez naturelles !

Et nous obéissons, le cœur en joie. Nous ne tenons la vedette que quelques minutes, le temps de rejoindre l'avant-scène.

Marée de tutus, de gaze et d'organdi, vagues déferlantes de mouettes et de cygnes surgis des ténèbres. J'avance encore vers le public. Un clair-obscur baigne de magie la ligne que nous formons. Ce n'est pas mon premier spectacle mais j'ai l'impression de vivre pour la première fois en osmose avec le public. On dirait que nous faisons tous partie d'une seule entité, d'un même souffle.

Hélas, nous devons disparaître. Déjà d'autres arrivent, comme une nouvelle vague, pour damer le pion à celles qui viennent de s'étioler sur le rivage.

Vite ! nous nous rabattons côté cour ou jardin selon la mise en scène et remontons vers le lointain. Le régiment poursuit sa parade. Les grands prennent la relève. Défile la hiérarchie du corps de ballet. Inexorablement les grades se succèdent : quadrilles, coryphées, sujets, premiers danseurs, étoiles... Les ombres se multiplient avant de s'évaporer.

La plus belle étoile du moment, en l'occurrence un homme, termine la revue et, d'un geste altier, rappelle tous les autres. Alors, dans un froufrou d'étoffes, chacun-chacune revient pour le salut final. J'aimerais que mon existence s'arrête là, sur cette image. Mais mon désir n'est pas assez puissant, ni mes pouvoirs assez forts pour immobiliser ainsi la marche du temps.

L'excitation décuple les sensations. Ma sensibilité est exacerbée. Mon rêve de petite fille se réalise. En un mot, je délire ! Je me vois en haut de l'affiche, en train d'écrire la légende d'une ballerine. Pour moi, le conte de fées épouse la réalité.

« Avant, me dis-je alors, il n'y avait rien. Le monde n'existait pas. J'errais dans le néant. Puis il y a eu ce spectacle unique au monde. Et le dieu de l'Opéra m'a enfantée. Je suis née à onze ans, le jour du grand défilé. »

## – 6 –

## SALE PETIT RAT !

Le matin, dans une salle de cours baignée par un rayon de soleil, les petits rats, les yeux encore emplis des songes de la nuit, écoutent les exercices dictés par la voix de stentor de leur professeur de danse et l'accompagnement musical prodigué par le pianiste assermenté.

Entre deux représentations, l'entraînement, les cours monopolisent les élèves conscients de s'appliquer pour réaliser leurs ambitions. Pourtant, très vite, cette douce harmonie, cette béatitude voluptueuse sont troublées par des bruits alarmants, le cliquetis de clés qui se frottent les unes aux autres, les craquements du parquet ciré qui crissent sous le martèlement de talons aiguilles. L'atmosphère s'alourdit. Dans la classe, chacune retient sa respiration. Le danger est palpable : des ondes bizarroïdes nous en avertissent...

Pas l'une d'entre nous ne se risque à regarder les autres. Nous savons. Dans quelques minutes, la porte va s'ouvrir brutalement sous la poigne de fer de Freddie

Venturier, la directrice de l'école de danse, une ancienne danseuse étoile, une belle rousse qui, au temps de sa splendeur, n'avait rien à envier à une Cyd Charisse...

À 8 h 30, elle passe, fait sa ronde dans les dix classes. Nous sommes au quatrième étage. Juste en dessous de la Coupole, sous le chapeau de crème chantilly, partagé en petits studios de danse. On amorce à peine le cours qu'on perçoit ses talons et le bruit de son énorme trousseau de clés. C'est un rituel. Venturier ne laisse jamais une journée débuter sans venir nous rendre visite, histoire de nous mettre en condition. Même les novices ne s'y trompent pas. Dès qu'on entend ces bruits familiers qui résonnent comme le glas du malheur, tout le monde devient vert, blanc, jaune, violet, et tremble de peur. Même les professeurs ! Elle arrive, le chignon très haut, bien tiré, magistrale et magnifique... Impressionnante, quelle que soit la sympathie ou l'antipathie que l'on éprouve pour elle, elle en impose. C'est quelqu'un.

La porte franchie, elle regarde le groupe. Selon son humeur, elle détaille les uns les autres de son regard dur et autoritaire de cheftaine. Au mieux elle nous fusille d'un clin d'œil, au pire elle pique une crise contre un énergumène qui ne tend pas assez les pointes. Il n'est pas bon d'être dans son collimateur. Et pis que la remarque, c'est le ton qui fait mal. Il est cassant, méchant, exacerbé, excédé. Nous avons toujours l'impression que nous venons de commettre l'ultime outrage. Et Venturier hurle :

– Tu vas te remuer ! Préjean ! Cesse d'imiter l'hippopotame !

Ou encore :

– Eh, Bouldet, que fais-tu ainsi ? À quoi tu ressembles ? Certainement pas à une danseuse !

Elle ne nous appelle ni par notre prénom, ni ne met un mademoiselle ou un monsieur devant notre patronyme, non. Ce serait faire montre de trop de gentillesse ou de courtoisie. Quant à la sensibilité, n'en parlons pas...

En tant que môme, le fait d'être apostrophé ainsi représente un véritable traumatisme. Ce qui est dur, c'est d'être traité en adulte et de devoir se conduire et assumer comme tel. Comme à l'armée. D'ailleurs, si l'armée est surnommée la grande muette, à l'Opéra ce sont les mêmes règles : une discipline stupide et aveugle, une loi du silence identique.

D'emblée les professeurs, qui reproduisent ce genre de grossièretés par mimétisme ou opportunisme dans le but de se faire apprécier, savent comment se servir de nous et nous exploiter de façon à ce que nous leur soyons toujours redevables. Traités avec un tel mépris, nous ne rêvons que de les amadouer. Quand l'un d'eux nous appelle par notre prénom, nous comprenons que notre cote a gagné des points... Si cela devient une habitude, les autres peuvent nous faire remarquer que nous avons obtenu le statut de chouchou, et cette préférence affichée engendre donc une mauvaise ambiance. Nous jouons le jeu des profs, nous devenons des ânes qui ont besoin de carottes pour avancer. Le but est de se faire bien voir, de se faire préférer. C'est ainsi que s'instaurent les dénonciations, les méchancetés, les règlements de comptes dès le plus jeune âge.

Dès qu'un petit rat est admis à l'Opéra, on l'encourage tacitement à rapporter les anomalies, les écarts au règlement et à adopter une attitude servile. Plus on souscrit au fayotage, plus on est bien traité.

Que ce soit pour les réprimandes, les blâmes, les mises à pied ou les mentions, les médailles et les honneurs, c'est Freddie Venturier qui prône ce genre de pratiques et donne la mesure.

Cette femme si dure est tellement belle qu'on ne peut pas s'empêcher de l'admirer... Impossible de le nier. Elle en impose trop. Son assurance nous sidère et nous réduit en petites choses. Elle fascine. Et la perversité s'installe : nous acceptons, par fascination pour une personne, une position ou une situation malfaisantes qui nous rabaissent et nous détruisent.

À la fin de l'année, les petits rats passent le concours qui consiste à présenter deux petites variations devant un jury. L'enjeu est simple : soit on passe en division supérieure, soit on redouble, soit on est viré(e)... sans raison. Si on est l'infortuné(e), il faut accepter son sort car on ne reçoit jamais d'explications... Rien ! Aucun détail sur les notes ou sur ce qui détermine le classement. Rien. C'est à prendre ou à laisser. Et il n'en existe pas un pour laisser...

Ma première désillusion arrive à cause de Joséphine, celle qui est en train de devenir ma meilleure amie. En fait, depuis nos débuts, nous sommes dans la même classe et nous avons toujours été très proches.

Ma copine détonne par sa trop forte personnalité. Pourtant elle travaille, elle s'applique et, cette année-là, elle cumule les bonnes appréciations des professeurs.

Malgré cela, la directrice de l'école de danse prévient sa mère, qu'elle connaît :

– De toute manière, je ne pourrai pas garder Joséphine.

Cela dit avant même de voir les résultats de l'examen annuel s'afficher ! Elle a décidé, tranché, expulsé, viré. Elle prétend que c'est à cause des problèmes de dos de Joséphine. Moi je pense que c'est bidon et purement partial. Mais que faire ?

Les petits rats sont éduqués comme des chiens savants. Quand ils se promènent dans les couloirs et qu'ils rencontrent un grand, ils se doivent de faire une révérence. Oui, vous lisez bien. En position inclinée et courbette ! Pas de bonjour ou de salut républicain, non une marque de déférence comme l'exprime un vassal à son suzerain. J'en ai déjà parlé. Cette pratique, je l'ai dit, date de Louis XIV. Bonjour les progressistes ! Depuis trois cent cinquante ans, rien n'a bougé. Surtout pas les mentalités.

Révérence par-ci, révérence par-là. Sourires et soumission. Génuflexion et prosternation. Politique de la maison...

La directrice fait son boulot avec rigueur. Mais à ce stade-là, ce n'est plus de la rigueur. Elle aime maintenir chacune et chacun au bord de la crise de nerfs. L'agressivité est son moteur. Une telle intransigeance devient de la tyrannie. Il n'y a que ce qu'elle décrète qui est juste. Pour elle, le reste ne mérite aucune attention.

Si un petit rat pleure, on le laisse dans son coin. Une enfant se plaint d'une foulure ? C'est à elle d'aller voir le médecin. Une autre, encore, montre des signes de fièvre ou de grippe ? Elle descend au cabinet médical et l'infirmière lui donne un sucre imbibé d'alcool de menthe. De toute façon on s'interdit d'être malade : on prendrait trop de retard...

À l'école de danse, quand on prend n'importe quel cours de danse, on fait un effort, on transpire beaucoup, on a quand même besoin de se désaltérer mais il est interdit d'apporter une bouteille d'eau. On demeure donc une heure et demie sans boire. Il n'y a pas d'eau. Nulle part. Si on a trop soif on va au robinet, mais ça dérange le cours, donc on ne le fait pas. Le vrai truc de fou, quoi ! Mais on s'habitue. Inutile de souligner combien il est mauvais de rester déshydraté en plein effort, mais c'est le règlement...

Absence de pédagogie enfantine, déni de la souffrance, soumission à l'autoritarisme font loi. Venturier sème la terreur, cite certains petits rats en exemple pour mieux humilier les autres et les traiter d'incapables. Insultes à l'appui, que je me garderai bien de reproduire ici. En changeant souvent de bouc émissaire, elle divise pour régner. Elle incite sa cour à prendre position pour elle et à faire bloc contre le ou la banni(e) du moment. Chacun(e) doit être meilleur(e) que l'autre pour l'écraser.

Mort aux faibles ! Dès l'enfance, on nous forme à accepter les injures, à nous dépasser moralement et physiquement au-delà du supportable et à nous taire en toutes circonstances.

Il arrive à certains de nos professeurs de casser leur

baguette sur nos hanches. Il faut quand même frapper avec une certaine conviction pour en arriver là !

Fréquemment, Venturier rappelle qu'elle aussi fut élevée à la baguette. Elle nous répète que discipline, obéissance et soumission sont les fers de lance du talent. Et les autres professeurs s'alignent derrière elle et plagient un comportement dont ils ont été et sont encore les victimes. Comment un enfant peut-il exister face à des adultes qui ne trouvent de justification à leur vie qu'en les brimant ? « En se battant pour devenir le meilleur », répondront les professeurs. La pédagogie de l'établissement ne repose que sur le principe de la compétition, de la rivalité permanente et de l'abnégation. Si l'on émet une objection, si l'on montre le moindre signe de faiblesse, si l'on exprime une douleur morale ou corporelle, on est immédiatement jugé comme « faible ».

C'est le fait même du pouvoir et des jeux de la manipulation. Pour bien se faire obéir il faut mettre l'autre, les autres, en position d'infériorité.

Quand on détient le pouvoir d'instruire, de former des êtres ou de les commander pour une noble cause telle que l'art par exemple, on peut détruire et briser nombre de personnes en refusant de les considérer comme des êtres humains.

L'inventaire des douleurs serait interminable. L'enseignement prodigué à l'Opéra de Paris se caractérise par un déplorable état d'esprit. Il ne sert pas l'éducation qui, par définition, devrait permettre à chacun de s'élever. Sous prétexte d'amener les élèves à se perfectionner, cet apprentissage les rabaisse et les diminue en leur donnant une mauvaise image d'eux-mêmes. Il leur donne une technique mais aucun précepte moral.

Petite je ne me rends compte de rien, ni des excès, ni de la discipline, ni des injustices, ni de la folie tolérée d'un tel comportement collectif. Trop fascinée par la beauté du spectacle omniprésent dans lequel on navigue sans cesse, je refuse de m'appesantir sur le sadisme du système en cherchant des excuses ou des justifications à cet embrigadement.

Il s'agit de ne vibrer que pour cette passion monothéiste, de ne plus devenir qu'un corps, un instrument pour danser et de ne plus penser qu'à cela dans le but non d'y exceller mais de surpasser les autres. Il faut montrer qu'on en veut et qu'on n'existe qu'à travers sa vocation. Chacun s'entraîne à tester sa résistance physique, psychique et nerveuse.

– Tu dois te consacrer à la danse et donner le maximum de toi-même, nous répètent les aînés.

Se vouer à un idéal génère souvent un envoûtement, un aveuglement, un fanatisme, surtout chez les âmes fragiles. Et l'obstination de nos maîtres à vouloir nous façonner à leur image relève de ce même fanatisme.

On n'existe plus que pour un seul credo : l'Opéra, la grande maison, notre art. La vraie famille. Aucun effort, aucun sacrifice n'est jamais assez grand. Il y a toujours mieux à faire, à fournir pour être au sommet. L'Opéra ne nous doit rien : nous lui devons tout. C'est un honneur, une reconnaissance suprême de faire partie de son élite et d'appartenir à l'organigramme le plus prestigieux de la planète...

Nul ne remarque le manque d'humanité de cet ordre strict, sévère et sectaire : cette fustigation permanente est non seulement impulsée mais jugée nécessaire, indispensable pour forger le caractère.

Lorsque le temps du silence prendra fin, une étoile dira que « cette institution est une machine à broyer les faibles »... Une autre avouera que « le verbe aimer est trop fade » pour manifester l'engouement qu'elle éprouve. Quand une responsable de l'administration soulignera que « le théâtre est un des derniers lieux de démocratie », je n'en reviendrai pas ! On aimerait nous faire croire que l'âge, le sexe, la race importent peu dans ce microcosme, j'en doute, surtout lorsqu'on voit l'importance que l'on accorde à la discipline qui écrase toutes les autres valeurs par ses exigences monarchiques.

Dans les faits, qu'en est-il ? Une démonstration insidieuse de pouvoir que les responsables, les directeurs, les maîtres distillent pour renforcer la crédibilité de leur endoctrinement. Mais comment s'y prennent-ils ? De façon extrêmement simple. On le sait, les réactionnaires sont souvent des êtres primaires.

Même en pratiquant la politique de l'autruche, nul ne peut échapper à la tension, à cette concurrence déloyale (arbitrée exclusivement par les humeurs des gens en place) auxquelles ils contraignent les élèves.

À force d'encaisser les affronts, on devient un(e) moins que rien. On s'imagine que l'on finira par se faire accepter ou aimer en louvoyant, en tolérant des compromis, mais il n'en est rien. Au mieux les autres vous considéreront comme un(e) imbécile. Au pire, comme une quantité négligeable. Nul ne mérite pareil traitement. Et pourtant, de mon temps, à Garnier, c'est monnaie courante. Je m'échine à plaire et, en échange, je ne reçois que sarcasmes.

## – 7 –

## ENTRÉE DES ARTISTES

Les mois se succèdent. Je baigne toujours dans la même autarcie. Membre actif, je consens tacitement au programme proposé par la direction et la majorité. Très rêveuse, bien que je sois incapable de décrire ou de me souvenir de mes songes, je plane dans ma sphère, évitant ainsi de retenir les choses graves que je préfère occulter.

Déterminée à ne pas me singulariser, à ne pas me montrer différente, je me pare de l'aura d'une vraie Occidentale et je travaille avec acharnement pour acquérir une certaine classe, une distinction même dans le savoir-vivre. Dany, mon cher mentor, me dira plus tard que je n'avais pas à me régenter ainsi ; que le charme, l'élégance naturelle m'étaient acquis, certainement offerts par une bonne fée au-dessus de mon berceau... Cependant les complexes générés par une insécurité permanente sont toujours les meilleurs moyens pour s'autocensurer... Et je ne fais pas exception à la règle.

Mine de rien je me fabrique une personnalité, un masque, celui d'une fille toujours souriante, toujours joyeuse. Et jamais fatiguée ! Pourtant, nous ne chômons pas !

Le déroulement d'une journée type, au fil des ans, se répète, identique : tôt le matin, dans la salle Zambelli, notre rotonde de prédilection, nous prenons une leçon de danse avec le professeur qui s'occupe de notre division pendant l'année, ensuite nous enchaînons avec un cours complémentaire, de dessin, de musique, de mime, d'histoire de la danse, de danse folklorique, ou encore de danse de caractère et je dois certainement en oublier...

Tout art, par définition, appartient au sacré. Le chant est la forme sublimée de la parole, l'écriture celle de la communication, et la danse celle du mouvement. Ces disciplines vibrent en interaction les unes avec les autres. Mais nulle plus que la danse n'a autant besoin des autres pour rayonner. Sans musique, ni histoire, ni décors, ni costumes, elle perd de sa magie. C'est donc à nous, ses disciples, de veiller lui à conserver tout son panache.

Selon les principes pédagogiques de l'école de danse de l'Opéra, tout ce qui est lié artistiquement peut nous apporter un plus. Ainsi, par exemple, très souvent – dans les ballets classiques – on retrouve des danses tziganes, des scènes comme des fêtes de village champêtres, et c'est en cela que c'est complémentaire. D'autant que nos professeurs pour ce genre de matière sont extraordinaires. Nous avons une prof exceptionnelle, très tzigane. C'est absolument génial !

Je me rappelle d'Irina Greghbina, cette grande dame. Elle nous apprend les danses russes avec des bottes de cosaque. On ferait n'importe quoi pour elle ! Elle nous en donne l'envie, c'est vraiment sublime. Il y a d'autres professeurs tout aussi formidables, mais elle, particulièrement, nous met dans l'ambiance...

On nous apprend les histoires des ballets, de leur création, de certaines danseuses du siècle dernier, de Nijinski et de toutes les autres figures prestigieuses de notre patrimoine. On a la chance d'avoir Carla, un professeur qui nous emmène une fois par mois, cinq par cinq, dans une des loges à l'Opéra pour nous expliquer presque *in situ* les secrets du palais Garnier... C'est hyper intéressant. Carla m'a aussi donné le goût de m'intéresser à d'autres choses, aux expositions, aux diverses manifestations artistiques de la capitale et à toutes les informations qui rendent la vie plus attrayante.

À la fin des cours de danse, vers 11 h 30, on se rhabille vite et on part tous à pied pour le quartier de la Madeleine, au collège d'enseignement général de la rue de Suresnes, situé à une dizaine de minutes de marche de notre QG.

Là, c'est un peu les vacances. On a une super prof de français, Francine, qui n'arrête pas de nous dire « Bourrique, va ! » mais l'école ressemble plutôt à de la relaxation. Les profs sont plus « cool », rien à voir avec ceux de l'Opéra. On circule entre deux mondes différents.

Lors des cours d'enseignement général, certains élèves prétendent qu'ils bâclent leurs études parce que, selon eux, ils misent tout sur la danse. D'autres comme moi ont de bonnes notes et s'évertuent à se maintenir à un bon niveau... En fait, même très fatiguée par les cours de danse, à part les maths, je travaille relativement bien en français, en histoire, en anglais... Quand on a fini l'école, les internes repartent toujours à pied pour Garnier. Les autres, les externes, rentrent chez eux.

Je suis pensionnaire (il n'y a que le prix de la pension que mes parents prennent en charge). Et nous, les internes, pouvons revenir prendre un dernier cours de danse le soir, après l'étude et les devoirs, puis dîner à la cantine. Ensuite on revient à la pension située rue Jules-Lefebvre, dans le quartier de la Trinité. À pied, comme il se doit. Dans la troupe, c'est sûr, il n'y a pas de jambes de bois !

Avant la mode je loge dans un loft, un peu soft certes, mais loft communautaire quand même.

Mes camarades et moi ressemblons à des élèves de *high school* extrêmement distingués. Il faut nous montrer dignes d'un certain standing. Car dès le début nous sommes programmés, conditionnés. Et notre bonheur dure le temps où nous en sommes dupes. Le mien se prolonge donc deux ou trois ans. J'évite de me heurter à l'inacceptable. Je me réfugie dans la bonne humeur comme d'autres dans l'alcool : il suffit de donner le change.

Le coucher a lieu vers 9 heures. Tout le temps des études, on habite deux grands appartements de type haussmannien. On doit être une vingtaine de pensionnaires en tout, divisés par deux : d'un côté les petites filles avec les grands garçons et, de l'autre, les grandes filles avec les petits garçons. Déjà la prudence est de mise.

Pour les cours, hormis les répétitions pour les spectacles et le stage de préparation au concours d'entrée de l'Opéra, pas de mixité. Les souris d'un côté, les petits gars de l'autre !

Au « foyer », j'ai quand même de bons souvenirs, parce que nous composons une petite famille. De temps en temps on surprend des disputes, mais ça va, les enfants, entre eux, sont relativement solidaires.

Le soir, on se détend quand même un peu... Deux surveillantes à l'œil aiguisé partagent notre condition et dorment avec nous, une par appartement. Il doit y avoir au total quatre chambres. On est six dans une chambre dans laquelle sont installés trois lits superposés et six tiroirs.

Pour pénétrer dans le palais Garnier, comme tout membre du personnel on peut emprunter deux entrées... Dans la cour Diaghilev – du nom de cet imprésario des célèbres Ballets russes au début du XX$^{e}$ siècle –, atrium qui se situe en face des grands magasins de la Chaussée-d'Antin, se trouvent deux superbes portes : l'une est celle des artistes, l'autre celle de l'administration. Il va sans dire que beaucoup d'entre nous se valorisent de pénétrer dans le sacro-saint des théâtres par la première. Mais

– est-ce par un esprit rebelle ou un instinct de contradiction ? – je préfère la seconde. Pourquoi ? C'est tout simple : après la première porte on doit grimper les escaliers et par conséquent huit étages ; en entrant par la porte de l'administration, on prend l'ascenseur. C'est d'autant plus grisant que personne parmi mes condisciples n'ose braver l'interdit... On peut avoir envie de devenir une star et posséder un bon sens pratique.

Malgré tout, nous sommes tellement heureux de compter parmi les meilleurs... Nous arrivons le matin dans cette cour où les étoiles et autres vedettes de la scène peuvent garer leur voiture et nous nous extasions devant ce privilège en nous promettant mutuellement :

– Quand je serai grande et au top, je ferai pareil !

Je vais vivre ainsi jusqu'à mes dix-sept ans, jusqu'à mon entrée dans le ballet. Une fois dans le ballet, on est stagiaire pendant un an. Après on passe un concours, un de plus parmi tant d'autres... À mon époque, on devient titulaire automatiquement un an après son intronisation si on ne commet pas de faute professionnelle. Cette histoire de statut provoque pas mal de galères...

En règle générale, si on n'a pas redoublé, on passe son bac au moment d'entrer dans le corps de ballet, appelé aussi « la Compagnie », et l'on devient alors un(e) professionnel(le).

Subsistent encore et toujours les concours annuels. Pour celles ou ceux qui aimeraient suivre cette voie, sachez que l'escalade n'est jamais terminée. Vous avez gravi le mont Blanc, il vous reste encore l'Everest. Terminer l'école de danse n'est pas une fin en soi, encore faut-il s'intégrer dans la Compagnie, supporter la hiérarchie et s'essayer à tous les échelons avant d'entrevoir le haut de l'échelle.

– 8 –

# MAUVAISE PASSE

À l'école de danse, on n'apprend jamais à travailler sans violence. Les professeurs ne transmettent pas aux plus jeunes l'amour ou le respect de soi-même. Ils enseignent à devenir maso, à nier toute douceur.

Être ami avec son corps, le bouger sans le forcer, relève pour eux de l'ineptie. Il faut souffrir pour progresser. Si on n'a pas mal aux articulations, si on n'endure aucune torture, c'est qu'on n'a pas assez forcé et qu'on est resté au minimum de ses possibilités. Il faut toujours en faire plus, atteindre le top et donner le maximum. Chaque exercice se réalise dans la force, dans la peine. Plus on souffre, mieux c'est ! On se doit de transpirer. Et de vraiment en suer !

Et de nos jours, c'est pire qu'avant. Les chorégraphies contemporaines sont aux antipodes des petits plans « plan-plan » des figures de jadis. La danse s'apparente désormais à un combat, un sport de l'extrême hors norme et souvent contraire aux positions « normales », un exercice de démesure.

Nous n'avons toujours pas l'autorisation de nous arrêter pour boire. Quant aux explications que l'on nous donne, nos maîtres les distribuent au compte-gouttes. Et ça, c'est vraiment le plus difficile.

Nous sommes à la barre. Les professeurs nous dictent le pas, le mouvement... Certains restent assis sur leur chaise. Ils peuvent ne jamais bouger mais juste énoncer l'ordre en martelant le sol de leur baguette pour marquer la cadence. Et nous, nous déclinons les postures en nous adaptant au langage de la danse classique ânonné par la voix de commandeur de nos maîtres :

– Dégagé, quatrième ouverte, bras en l'air ! Penchez en avant.

D'autres montrent une fois, une seule. C'est le cas de Venturier. Inutile de préciser qu'avec elle, il vaut mieux ne pas se tromper... Sinon, gare à nous ! En fait, ça dépend quand même de son état. De très bonne humeur, elle peut nous passer une étourderie. Seulement, si elle arrive sans dire bonjour, avec ses clés qui battent la mesure et qu'elle les pose brutalement, ce n'est pas la peine d'envisager une petite fantaisie. La tension monte dès qu'elle donne son ordre. Nous ne pouvons plus respirer... Juste nous exécuter... En alerte !

– Seconde pliée, troisième, saluez !

Les voix claquent comme des fouets. Le petit rat n'a que le miroir comme repère. Et encore ! Quand le prof veut bien nous montrer. Dans ce cas-là, il faut un sens aigu de l'observation pour enregistrer ce qui est dessiné devant nous à la vitesse de l'éclair.

C'est un travail de développer cette qualité, cette faculté de copier l'autre, de reproduire gestes et figures. Enfin je pense que tout le monde l'acquiert. Mais on ne soulignera jamais assez combien le monde de l'Opéra apprend à ses novices à ne vivre qu'en fonction du miroir. Au double sens du terme. Miroir pour calquer, imiter et réitérer une chorégraphie à l'infini. Jeux de miroirs pour aiguiser, modeler et emprisonner les comportements dans des attitudes névrotiques de jalousie, de mesquinerie, de rivalité et de délation. Les gens en place au sommet exacerbent les susceptibilités pour mieux les dominer. Ils n'enseignent pas la grandeur, bien au contraire. Ils entretiennent délibérément en chacun(e) une vision petite, une bassesse. Comme les psychés multiplient les images et fragmentent la vérité d'un être, ils nous divisent entre nous et en nous pour mieux régner.

Soit nous comprenons et c'est tant mieux, soit nous ramons et on nous évince. Cela fait partie des critères de sélection naturelle. Que les meilleur(e)s gagnent et que les autres s'éclipsent d'eux-mêmes. Qu'ils aient affaire à des enfants ne concerne pas plus que cela les professeurs. Qu'importe l'âge, il faut suivre ou périr.

Comme l'écrit Patrick Dupond dans *Étoile* (publié par les éditions Fayard), lorsque deux gamines de neuf ans sont dans les escaliers de l'Opéra et que l'une d'entre elles fait tomber une pomme, l'autre la sermonne vertement :

« – Idiote, quand on veut être danseuse, on n'a pas deux mains gauches. »

Féroce et cruelle vérité que cette anecdote. « Un danseur, commente Dupond, n'a pas le droit à l'erreur. »

Le plus important, c'est d'entrer dans le moule afin de n'être pas différent(e) des autres. Pourtant, à cette époque déjà, je remarque que certaines filles et garçons sont renvoyés sans raison.

Chaque année, on nous donne un carnet de danse sur lequel se notent les appréciations des professeurs. Pendant les trois premières années, « on » m'assassine.

« On », c'est Freddie Venturier.

Hormis la page réservée au professeur de danse de l'année, ses appréciations ne donnent pas dans la dentelle. « Beaucoup trop molle, elle ne se remue pas assez... », peut-on lire à mon sujet.

Parallèlement à cela, il y a le côté magique d'être à Garnier. Il y a ces grands couloirs qui nous prouvent que nous sommes bien dans l'enceinte. Dès que nos cours s'arrêtent, le corps de ballet arrive... Et nous, les jeunes, aimons bien épier, par un petit trou dans la porte, comment ça se passe. On regarde avec émerveillement les danseuses, on rêve à l'avenir...

À l'âge de onze ans, la rencontre avec Gene Kelly, la star américaine, me marque beaucoup. Déjà au cours d'enseignement général, en chant, alors que nous nous essayions à la comédie musicale en reprenant le mythique *I'm singing in the rain*, un des incontournables du genre, j'ai décrété que cet acteur appartenait au cercle de mes idoles ; mais de le voir et de le côtoyer décuple ma ferveur...

Tout est arrivé parce que notre directrice, amie de longue date avec lui – du temps où elle brillait comme étoile –, veut soudain lui rendre un hommage au pavillon Gabriel, un lieu culturel situé derrière le palais de l'Élysée. Dans ce but, elle choisit quelques danseurs, parmi lesquels je suis sélectionnée.

Cela évidemment provoque maintes répétitions. Tout d'abord à l'Opéra. La petite troupe se retrouve régulièrement. Et voilà qu'un jour, nous voyons arriver le séducteur en chair et en os. Avec lui déboulent en mon for intérieur toutes les réminiscences des soirées passées à regarder avec Joséphine ou ma mère les grands succès d'Hollywood. Et moi, je crois rêver...

Mais il est bien là, si proche qu'on peut le toucher ! Il déambule, élégant, décontracté. Avec des lunettes doubles, doubles verres de vue et solaires. Un vrai gentleman. Irrésistible. Michel Legrand l'accompagne. Nous, les embryons de stars, les suivons. On s'installe dans la petite salle F, celle qui longe la salle de gym. Michel Legrand au piano, on se met tous à danser et chanter avec les parapluies... C'est carrément grandiose. Irréel.

Pendant une pause, je demande à l'Américain un autographe qu'il me donne avec une adorable gentillesse. Pendant des semaines, ensuite, je rêvasse de son mode de vie, de sa gloire, de ses yeux, de sa souplesse. Les petites filles sont toujours très sensibles devant ce type de démonstrations. Il ne leur en faut pas beaucoup pour recevoir de la poudre de paillettes plein les yeux. Et Dieu sait combien, dans ce milieu, il y en a... Mais ce n'est pas encore mon heure de le voir.

En cinquième division, une fille de ma classe, Nathalie, une de mes copines, a maille à partir avec un professeur très sévère qui parle aux petits rats comme à des adultes selon l'habitude « maison ». Ce professeur porte des ongles hyper longs laqués rouges. Lorsqu'elle s'approche de la barre pour voir les mouvements, elle rentre ses ongles dans les côtes et les cuisses des élèves pour les forcer à se dépasser... Pour un enfant, ça marque, c'est le cas de le dire.

À la fin de l'année, on prévient Nathalie, ma copine, qu'elle va redoubler sa cinquième division, toujours avec le même professeur. L'annonce la traumatise. Inutile de décrire les vacances qu'elle passe...

En septembre, elle est tellement angoissée de recommencer son année qu'elle souffre d'une perte de mémoire. Puis elle se retrouve hospitalisée avec une paralysie faciale. Dans le service neurologique, comme les médecins ne savent pas ce qu'elle a, ils lui font une ponction lombaire. Trois jours plus tard, la paralysie et l'amnésie passagère disparaissent et Nathalie se présente au cours munie d'un certificat médical. Mais comment croyez-vous qu'on l'accueille ?

Son prof lui dit :

– Tu as trouvé une excuse pour manquer, ce n'était que de la comédie !

C'est énorme, non ?

Mais j'ai une autre anecdote à raconter à propos de cette division. Pour moi à ce moment-là, la danse est hyper facile et un véritable amusement. J'ai le souvenir d'être dans la rotonde Chauviré – du nom d'Yvette, une gloire du temps passé...

Lors d'un premier cours, le professeur nous met en demi-cercle, par terre, les jambes allongées. Dans cette position, elle nous fait tendre les pointes et elle peut voir ainsi celles qui ont un très beau cou-de-pied. En fait, il s'avère que le mien est très beau, beaucoup moins remarquable cependant que celui d'une de mes camarades dont les orteils touchent par terre et qui devient par conséquent la chouchoute de notre cerbère. Enfin cette année-là, pour moi, ça va. Je suis presque chouchoute. Pas tout à fait. À quelques centimètres près. Mais quand même. On me considère ! À quoi ça tient, finalement, la notoriété...

*
**

Après avoir passé le concours, je monte donc dans la classe supérieure, en quatrième division. Cette année, bon cru, la prof est extrêmement gentille, douce, humaine. On a vraiment envie de lui faire plaisir. Pour ma part, j'essaye de bien travailler. C'est rassurant, un professeur gentil. Des rumeurs courent sur ses compétences, justement en raison de sa trop grande gentillesse. C'est idiot et malveillant, mais bien spécifique de l'esprit maison...

À la limite, on trouve anormal qu'elle soit trop affable. Le monde à l'envers !

L'année se passe, relativement paisible. Venturier ne peut toujours pas m'encadrer. Allez savoir pourquoi ! C'est une calamité contre laquelle je ne peux lutter. En attendant, selon sa technique habituelle, elle me pourrit l'existence par des remarques acerbes, me laissant toujours sur le qui-vive.

En troisième division, j'ai la chance de tomber sur un des plus grands professeurs de l'histoire de la danse : Claire Motte, une danseuse étoile devenue en fin de carrière simultanément enseignante à l'Opéra de Paris et au Conservatoire.

Lorsque nous sommes enfants, et ce jusqu'en troisième, nous dansons avec des demi-pointes afin de sentir le bout du pied. En troisième nous expérimentons les pointes, avec lesquelles nous pouvons à peine marcher. Pourtant il arrive que nous les gardions au moins trois heures d'affilée. On piétine beaucoup et, à force, on ne sent plus rien. Le métier entre : le but est de parvenir à l'anesthésie générale en prévision de ce qui nous attend quand nous passerons professionnel(le)s. Dans cet apprentissage, on nous enseigne beaucoup plus un certain comportement face à la douleur que de réelles recettes chorégraphiques.

Cette année-là, comme tous les ans, je passe l'examen juste avant les vacances d'été. J'apprends que je redouble. Claire Motte me dit :

– Le jour du concours, le jury ne t'a pas notée parce

que Freddie Venturier en a décidé ainsi, donc tu as fait un examen blanc.

Ainsi donc, tout est décidé d'avance ! En fait, ils font passer les uns ou les autres selon leur envie, voire leurs caprices.

Je continue mes classes. En seconde, un contrôle médical diagnostique que j'ai une énorme scoliose, très sérieuse. On m'envoie alors à Saint-Vincent-de-Paul où un autre médecin confirme l'avis du premier. Il ne me reste plus qu'à choisir un corset parmi un tas de modèles tous plus barbares les uns que les autres et je me retrouve à porter ce carcan pendant un long mois.

Cet ustensile de torture accentue mes tensions et mes douleurs à tel point que, un jour, je décide de l'abandonner et de cacher définitivement mon mal de dos et ma scoliose. Je n'arrête pas de me répéter : « Si vraiment ils veulent m'ennuyer, ils vont me renvoyer en saisissant ce motif ! » Alors inutile d'en rajouter en portant un corset. Pendant les crises, j'ai recours à des médicaments, sinon je vais chez le kiné faire de la rééducation.

Mais Mme Venturier s'en mêle et exige que je porte une grosse ceinture pour me soutenir le dos. En fait, c'est moi qui lance la mode de cet accessoire.

Bientôt, d'ailleurs, le comportement de Venturier change. Elle commence à m'appeler par mon prénom... C'est presque une promotion. Et bien que j'en ignore la cause réelle, ce changement d'attitude transforme considérablement ma vie. Du jour au lendemain mon extortionnaire devient hyper gentille, comme si une bonne fée avait rompu ou transformé le mauvais sort qui s'était abattu sur moi depuis le berceau.

Me voici enrôlée comme demoiselle d'honneur pour le mariage du *Songe d'une nuit d'été.* Coiffée comme mes consœurs de tresses à la mexicaine, je tiens la traîne de la mariée.

Joli clin d'œil : quelques années plus tard, devenue professionnelle, je remplacerai un sujet malade pour esquisser le pas de deux avec un partenaire masculin. C'est amusant de voir comment on évolue selon l'ancienneté et comment on se retrouve dans le même ballet à des « postes » différents selon les âges.

Une autre année, un souvenir vraiment super. Rosella Hightower, alors directrice du corps de ballet (et qui a dirigé une formidable école de danse à Cannes), désire monter *Casse-Noisette*, sur la musique de Tchaïkovski, en association avec l'école de danse de l'Opéra dont je fais partie.

Travestis en singes pour les besoins de la mise en scène, nous assistons à toutes les répétitions. C'est amusant. Ceci et cela expliquent d'ailleurs notre dissipation...

Cependant, pour une raison qu'on ne nous explique pas (une fois de plus !), l'école de danse disparaît de la distribution. Le ballet est présenté mais sans nous.

Comme consolation, déguisés en meringues, nous participons à un nouveau grand défilé, juste en final du ballet de Tchaïkovski, et le costume quelque peu excentrique voire décalé contribue à nous maintenir dans un état de jubilation inaccoutumé.

Les représentations s'enchaînent. Pendant l'une d'entre elles, et plus précisément au moment de *La Valse des fleurs*, un des danseurs en remplacement a oublié d'enlever son collant en laine, vêtement qui nous permet de garder les muscles au chaud. Vite il s'éclipse et troque en un tournemain son collant de laine contre un collant de scène. Puis il revient comme si de rien n'était. Les spectateurs n'y ont vu que du feu... Toujours est-il que, sans incident déclaré – observé et vérifié par les initiés –, pour rester obéissant au commandement premier du Dieu des fêtes et des arts le spectacle continue.

naviguer ainsi les yeux fermés, sans support affectif, ni repère moral ni aucune sécurité. Vivre dans ce total déséquilibre entretient un malaise intérieur et un manque de confiance en soi qui peut aboutir à une forme d'autisme ou à une timidité névrotique.

La chouchoute d'un jour peut être la bête noire le lendemain. Et un précepte énoncé le lundi n'aura plus cours le mardi. Le plus dingue, c'est qu'il vaut mieux ne pas chercher à comprendre. Mais je présume que cela fait aussi partie du contrat.

Cependant, en seconde et première divisions, entre quatorze et seize ans, l'existence devient plus intéressante, moins monacale. On commence à danser de plus en plus, à partir en tournées. Pour ma part, je suis souvent sollicitée.

Pourquoi et comment ?

Pour bien assimiler le fonctionnement de l'école de danse de l'Opéra et du corps de ballet, il faut comprendre le système des première et deuxième distributions et celui des remplacements.

Lorsqu'un ballet se prépare, les grands manitous – chorégraphe, maître de ballet, régisseur – attribuent les rôles. Pour ce faire, ils dressent une première distribution où les premiers danseurs, les étoiles et parfois les sujets se partagent la vedette. Comme les ballets se donnent toujours en alternance, une deuxième distribution permet de se substituer à la première.

En plus de tous ceux précédemment cités, il faut encore des remplaçant(e)s au cas où l'un de ceux qui seront en scène tomberait malade ou se blesserait. La plupart du temps, ces remplaçants sont donc soit des quadrilles ou des coryphées, les danseurs les plus bas dans la hiérarchie. Cependant, précisons-le : ces danseurs-là peuvent eux aussi avoir été sélectionnés dans l'une ou l'autre des distributions. Idem pour les élèves, les petits rats.

Imaginez l'organisation de la ruche. Certains soirs, une ballerine peut danser dans deux ballets différents ou être invitée à faire un remplacement au pied levé !

Inutile d'évoquer la faculté d'adaptation et de sang-froid requise. Chacun doit être capable d'apprendre ou de « réviser » une chorégraphie en quelques minutes...

Une fois par an, le corps du ballet danse *Le Lac des cygnes,* créé sur une musique de Tchaïkovski. En fait, dans ce ballet, tout se joue autour d'Odile qui interprète le rôle du cygne et celui de la princesse.

À la fin, lorsque ces deux entités se retrouvent sur scène ensemble, il faut donc un sosie et, en général, on prend des filles de l'école pour remplir ce rôle. Le sosie reste derrière le rideau et surgit juste un instant, comme un mirage. Ce n'est même pas de la figuration, cela relèverait plutôt de l'ordre de l'apparition.

Et voilà qu'on me prend, moi, comme sosie ! C'est vraiment un honneur. D'abord pour le décorum, bien sûr, mais aussi parce que cela me permet un peu de m'évader, et enfin parce que cela me donne l'impression d'être une grande.

Cependant, pour ces quelques minutes de bonheur, il

me faut donner des heures d'entraînement et d'abnégation. Ce que je veux dire c'est qu'à l'école de danse, sous le prétexte qu'il faut qu'on soit archi-prête, on passe son temps à se torturer le corps, à forcer dans tous les sens les articulations. Dès que l'une commence à faire un truc, tout le monde se doit de le faire aussi. Pour être toujours à la hauteur.

Entre les filles (et certainement aussi entre les petits rats de sexe masculin), il y a un tel mimétisme qu'elles veulent toutes correspondre au même modèle et s'aligner sur les mêmes exploits. Et tant pis s'ils sont contraires à la norme de la danse classique au sens académique du terme, et outranciers par rapport aux possibilités du corps humain.

En fait, on travaille dans tous les sens. On passe son temps à se tirer les membres dans les positions les plus farfelues. On trouve que c'est bien ainsi, on est un peu maso. Par la force de l'habitude, on devient maso. Plus on a de courbatures, plus on souffre, mieux c'est. Et nul ne vous contredira, cela atteste le fait que vous avez bien travaillé. Alors imaginez quand il ne s'agit plus de cours, mais de répétitions et de mener une carrière professionnelle !

En seconde et première divisions, je n'ai pas redoublé. Venturier a monté une des ses créations que je nommerai pour la circonstance, et de façon à respecter son anonymat, *Impertinence*, un ballet où nous sommes toutes en orange.

Au commencement on est dans l'obscurité, le noir,

puis la lumière jaillit et augmente progressivement en se projetant sur les jambes... On est allongées, les jambes en l'air... C'est extrêmement dur de rester ainsi.

Venturier, qui a créé sa propre chorégraphie, nous montre une fois, une seule ! Cela doit nous suffire pour apprendre les pas... En cas de défaillance, on est virée illico. Il faut donc apprendre vite, sinon on perd sa place. Mais j'y arrive et je m'éclate.

Le plus jubilatoire du projet, c'est que le ballet requiert une certaine maîtrise des patins à roulettes et exige qu'on s'entraîne non-stop. La semaine, on parcourt donc les grands couloirs du quatrième étage de la maison dans un bruit d'enfer et on fait des rondes, au grand dam des autres pensionnaires ; le week-end, on va à La Main Jaune pour s'entraîner encore... Ce qui nous donne le prétexte de franches rigolades. C'est vraiment un bon interlude.

Pour illustrer ces années-là, je dois pourtant raconter une autre anecdote. En fait un vrai cauchemar !

Je suis toujours en seconde division. Venturier me distribue pour *Les Caprices de Cupidon*, un charmant adage composé de petits pas de deux. On compte dans le ballet, parmi plusieurs couples, des Grecs dont je fais partie. Pour une fois je danse à deux, avec un garçon, une chorégraphie très lente et une autre beaucoup plus rapide.

Comme j'ai de très grandes jambes et un petit buste, je suis plutôt trop souple et j'éprouve du mal à me tenir.

Cela n'échappe pas à la directrice de l'école de danse et elle passe son temps à me le reprocher :

– T'es trop molle, me dit Venturier. Remue-toi donc le cul !

Mais si on ne nous donne pas d'explications pour corriger ça, comment comprendre ? D'abord, être trop molle, je ne sais pas ce que ça signifie. Certes j'ai du mal à me tenir mais tandis que la première partie se passe bien, parce que lente, dans la deuxième partie – avec des sauts, de la petite batterie – je rame. Je répète, je répète jusqu'à l'épuisement.

Je suis obsédée par ce handicap qui me cause du souci. Avoir de très grandes jambes avec un petit buste ne constitue pas forcément un atout pour une ballerine. Trop malléable avec de grands bras, il faut vraiment que je tonifie tout ça et que je me muscle. Tout le temps de ma scolarité en ces murs, on m'en a rebattu les oreilles :

– Remue-toi, Chalumeau ! Tu ne tiens pas debout.

Question rapidité, c'est toujours la croix et la bannière. Mais petite, comment comprendre sans explications ! J'ai vraiment du mal. C'est très difficile. J'essaye sans cesse de me remuer, mais en vain.

– T'es molle, fais quelque chose, me répète-t-on encore.

Mais comment ? On ne peut pas tout savoir. Évidemment, maintenant que je suis femme, à force d'abattage et de contorsions multiples je suis carrément devenue le contraire. Mais en seconde, connaissant quand même mon point faible, je m'épuise à me corriger en augmentant le nombre de petits ronds de jambe, des petits sauts, de la petite batterie et tout ça.

Arrive alors un filage à Berthier, dans un espace connu pour ses grands entrepôts, à côté de la Porte d'Asnières. Toute l'école de danse prend le bus. Ensuite tout le monde s'assied et attend son tour. Mon partenaire et moi faisons de même. La première distribution passe. On enchaîne sur la seconde. C'est notre tour. J'amorce mon exercice.

Venturier est assise sur une chaise. En première partie elle a l'air d'être contente, même un peu plus. Quand je la regarde dans la glace, elle sourit. J'attaque la seconde partie, rapide. La musique commence à speeder. Je n'y arrive pas. Je le sens immédiatement. À certains moments, le tempo va trop vite. Je m'emmêle les jambes.

À ce moment-là, Venturier se lève et devient complètement folle, hystérique. Elle me hurle dessus. Devant tout le monde !

– Continue comme ça et je te supprime ! Tu vas te remuer. Tu ne comprends rien. Double rond de jambe, double rond de jambe, je te dis ! Tu n'entends pas ou quoi ? Tends tes pointes. Je ne parle pas chinois, que je sache ! Tu es à chier ! À chier...

Et allez donc ! Elle en rajoute. On dirait que déblatérer des insanités lui procure du plaisir. Moi, je ne vois plus qu'une bouche qui hurle, je n'entends plus rien. Mon cœur bat à trois cents à l'heure. C'est le blocage.

Violette, dégoulinant de transpiration, je ne peux plus rien faire et je cours me réfugier dans mon coin afin de pleurer tout mon saoul, seule. Dans ces cas-là, de toute façon, vous êtes toujours toute seule... Je sanglote comme une Madeleine en attendant que ça se calme. Mais vraiment c'est hyper dur, je me sens si petite, si médiocre, et en même temps j'ai envie de danser... Ce désir m'aveugle au point de me faire traiter d'immondice.

Je tiens à le souligner et à le répéter : en fait ils nous insultent, mais jamais ils ne nous donnent d'explication constructive, ils ne nous corrigent pas, ils nous insultent à titre purement gratuit. Juste pour nous rabaisser. Devant tout le monde. Pour nous humilier sciemment.

Quand ils deviennent trop violents, on finit par ne plus rien entendre. Rien, plus rien. On est tellement terrorisés qu'on ne perçoit plus ce qui se passe. On se coupe du monde. Pour survivre. Pour pouvoir simplement respirer. C'est très dur. On interrompt le son. Les sensations. La douleur. On s'enfuit mentalement. On ne peut jamais en parler. Impossible de protester, de crier, de hurler. Les pleurs cessent. Du moins en apparence. Les années passent. On entend toujours les menaces et les gueulantes comme dans un bruit de fond :

– Si tu continues comme ça, je vais te virer...

Et rien pour se délivrer. Sortir l'angoisse. Expulser le ressentiment. La honte, surtout. Moins que rien on est, moins que rien on demeure. À s'étouffer. À s'intoxiquer. Et comment vivre ?

En fait, Venturier ne m'a jamais virée. À mon avis, je ne devais pas être si mauvaise, finalement. Enfin pour cette danse. Et pour tous les autres ballets auxquels j'ai participé... Seulement voilà : dans ce système, il n'y a absolument aucun geste affectif de la part des surveillants, des gens qui nous entourent. À la place, nous n'avons droit qu'à de la méchanceté et des critiques gratuites.

– Non mais regardez-la... C'est fou ce qu'elle danse mal...

C'est petit, mesquin, sans amour. Quand on est sur la sellette en train de se faire injurier, personne ne vient à la rescousse apporter du réconfort. La concurrence est trop installée, même entre gamins.

Chaque jour on apprend à se surpasser, à prendre exemple sur la meilleure de la classe... Quoique... la meilleure de sa division, ça dépend de la semaine ou du jour et des humeurs du professeur ou de la directrice de l'école de danse, qui ont décrété qu'Unetelle est « absolument extraordinaire ».

On nous a toujours à l'œil. Nous, les élèves, nous ne devons jamais dételer, toujours sur le qui-vive à nous observer les uns les autres pour avancer, prendre exemple, dépasser nos limites et donner notre maximum. Tout cela dès l'enfance, dans l'espoir de nous faire aimer un jour, quitte à ce qu'on nous jette le lendemain. C'est ça la normalité, dans cet établissement.

Pour en revenir aux *Caprices de Cupidon*, je dois avouer que c'est ma première vraie humiliation. J'ai alors quinze ou seize ans. Pourtant, cette fois-là comme toutes les autres, je veux faire honneur, une façon de remercier d'avoir été bien distribuée avec un super rôle, de pouvoir aussi danser avec un garçon et tout ça... Et cela se termine, je le répète, en cauchemar pour moi.

Ce jour-là, alors que je pleure si fort dans mon coin, ils continuent la répétition. Ils passent à autre chose comme si de rien n'était. Les mauvais éléments n'existent pas. Ils n'ont même pas le droit de se faire remarquer.

Le lendemain, on continue, on refait le filage. On revient et soit on se fait insulter, soit ça va mieux. Pour ma part, je suis tellement affectée que je suis incapable de dire à présent comment j'ai passé l'épreuve. Je zappe. Arrive un moment où le harcèlement, la pression trop intenses me poussent à occulter les événements, les détails. Je coupe les circuits. Je me mets en pilotage automatique. Zombie. Robot-momie... Mieux que le Penthotal. Plus sûrement qu'un accident de la circulation routière, le sadisme de certains provoque en moi un handicap terrible : l'oubli.

En fin de compte, si j'avais été si mauvaise, elle m'aurait retirée. Elle ne m'a pas retirée. Donc je suis restée.

Je commence vraiment à apprendre le métier. C'est sûr ! Surtout avec ce genre d'expériences. Mais mon enthousiasme, le besoin de danser, mon désir de gloire l'emportent sur les blessures. Comme les copines, j'espère être vite prise dans le ballet et remarquée pour une nouvelle distribution.

Le reste n'existe plus. Seule compte cette motivation. Si encore c'était pour leur montrer ce dont je suis capable ! Mais ne nous leurrons pas, ce n'est que pour recevoir un regard d'attention. Voilà donc à quoi la plupart d'entre nous sommes réduits...

## – 10 –

## POUR UN GRAMME DE TROP

À l'école, les dirigeants de l'Opéra définissent les qualités de chaque personne selon certains critères. Ils évaluent l'or en chacun, ils choisissent une matière première. Après, ils en font un bijou. Ils nous perfectionnent et nous façonnent à leur idée dans ce but. Pour eux rien de plus facile, ils prennent les meilleurs pour en faire des bêtes de scène, un peu comme du temps des Romains et des jeux du cirque...

Tout est bon pour nous faire marcher. Surtout les messes basses. Les petits rats sont poursuivis par les chuchotements de leurs éducateurs longtemps après la fin des cours.

– Quelle gourde, celle-là !

Méchanceté gratuite, férocité des grandes personnes envers les enfants. En effet, nous ne savons jamais si c'est à notre propos ou à celui de notre voisine qu'on médit. Pour un petit, c'est atroce. On peut en devenir paranoïaque à force de douter de soi.

Après avoir reçu l'enseignement de Claire Motte, je passe en seconde division, avec Moreau comme professeur. Venturier commence à bien m'aimer. C'est incroyable : ça relève du miracle !

Moreau est une femme assez gentille, sympa mais intransigeante et stricte. Pourtant, elle n'a rien de tyrannique. On la respecte beaucoup. Elle ne me déteste pas. Une femme normale, pour tout dire. J'ai un bon souvenir d'elle.

Ensuite, en première division, on a un professeur complètement dingue, à forte tendance anorexique. Folle de la maigreur, elle nous touche avec ses doigts, à l'affût du moindre bourrelet. Obsédée par notre poids, elle apporte finalement sa balance pour nous peser. Inutile de dire que nous nous mettons à la diète. Il n'y en a pas une qui soit grosse. Nous avons entre quinze et seize ans, nous commençons juste à être fières de notre peu de poitrine et il faut déjà se la comprimer et restreindre notre gourmandise...

Ce professeur excelle pourtant, mais elle laisse peu ses qualités émerger. Dès le lundi, elle nous apostrophe :

– Han ! Toi, mais qu'est-ce qui t'est arrivé ce week-end ? Qu'as-tu donc mangé pour être aussi énorme ?

Puis elle nous ausculte en nous touchant le gras que nous n'avons pas tandis que nous poursuivons les exercices à la barre. C'est un professeur compétent, certes, mais je pense qu'elle en a traumatisé plus d'une !

En première division, je suis remplaçante dans un ballet de Balanchine, *Le Tombeau de Couperin*. Au dernier moment, quelqu'un est tombé malade et je vois arriver mon tour de monter sur scène.

C'est Venturier qui m'a recrutée. Faire des remplacements permet vraiment d'apprendre le métier sur le tas. Cela dit sans fausse humilité, je sais que je possède cette compétence. Dès qu'on me demande de remplacer, même si je ne connais pas la place (lisez « le rôle » dans la chorégraphie), j'apprends très vite, j'ai le sens du déplacement. Pour moi, les mouvements s'inscrivent dans une logique. Sans doute est-ce d'avoir souvent travaillé en miroir avec les autres, je parviens parfaitement à copier sur la personne d'en face et j'enregistre encore plus vite détails et enchaînements.

De toute façon, nous n'avons pas le choix. Comme il n'y pas de dialogue avec les adultes, nous sommes contraints de nous débrouiller par nous-mêmes. Finalement, qui nous enseigne quoi ?

En fait, à l'école de danse, les petits rats ont encore toutes leurs illusions. Surtout à propos des première et deuxième distributions. Pourtant, c'est évident : la première distribution va tout le temps répéter, la deuxième doit toujours être en retrait, derrière, au fond de la salle, en train de s'exercer toute seule, de copier sur la première distribution.

Imaginez qu'on travaille dans une salle. D'un côté, on voit le répétiteur avec les danseurs de la première distribution qui commencent à danser, qui prennent la place, et derrière eux, remisé dans un minuscule coin, sans personne pour leur indiquer quoi que ce soit, l'autre groupe. Parfois les danseurs de ce groupe n'ont même pas la place de bouger. Dans ces cas-là ils font du surplace. Oui, parfaitement ! Ils reproduisent chaque figure sans pratiquement se mouvoir.

Je me rappelle que, pour un ballet, Venturier avait pris les trois meilleures, enfin celles qu'elle aimait le plus, les chouchoutes et un garçon. La deuxième distribution n'a jamais eu le temps de répéter. Ce qui prouve bien que ce système est en place pour faire illusion. Dans certains cas, cette deuxième distribution n'est guère mieux traitée que les remplaçants.

L'un des moments forts, qui se répète d'année en année, c'est la fête de Venturier, pour célébrer son anniversaire au mois de décembre. Cela se passe alors dans la salle Bailleau, sous la Coupole dont j'ai déjà parlé.

Pour cette pseudo-cérémonie, les élèves montent un intermède, une création – chorégraphie et costumes compris. C'est l'occasion ou jamais de se faire remarquer par Venturier. En fait c'est la seule circonstance où l'on peut montrer ses talents, son imagination, sa créativité, et où l'on peut vraiment s'exprimer.

À l'école de danse, ce genre de chance nous était encore octroyé. Plus tard, quand j'intégrerai le corps de ballet, je finirai par arrêter de penser. J'obéirai, je me soumettrai, j'attendrai. Je perdrai toute ma personnalité.

D'ailleurs je le verrai au moment de la rédaction de ce livre. Avant d'oser tout dire, j'ai dû faire un travail sur moi-même pour recouvrer la confiance en ma personne et en mes descriptions.

Parfois il faut du temps pour s'apercevoir de ce que l'on traverse. Pour moi il va falloir des années, je dirais presque des décennies, avant d'oser parler. Me donner le droit de penser ce que je pense...

Le ballet m'a cassée et a mutilé mon imagination. Le cerveau rétréci, j'ai cessé de raisonner. Ma fantaisie s'est étiolée. Je papillonnais pour briller mais je n'étais capable que de superficialité. Du moins en société. Je parlais syncopé. Un peu décalé, comme les professeurs qui poussent leur voix pour se faire entendre. Je m'exprimais rarement à la première personne du singulier. Plus souvent j'employais le « nous », le « on » ou le « vous ». J'invitais mon interlocuteur à s'impliquer à ma place.

Dans mes rapports avec les autres, je gardais silence et réserve. Mon espérance s'était quelque peu estompée. Pourtant, cela ne m'empêchait pas de toujours vouloir faire carrière...

## – 11 –

# LA VIE HORS LES MURS

Félicitations, claques, compliments, humiliations... J'acquiers de l'expérience. Je grandis. J'ai quatorze, quinze, puis seize ans. À l'instar des copines, je vois mon corps prendre d'autres formes, des formes plus exactement. Je deviens une jeune femme. La mode, les vêtements comptent beaucoup pour moi.

Le week-end, je ne vois presque plus ma mère. Je sors. À droite, à gauche, avec des amis. J'éprouve le besoin de me reconstituer un noyau affectif, un nid, un refuge.

Cette façon de fonctionner me permet de côtoyer mes aînés. Michaël Denard, égérie de Béjart et grand danseur étoile, me fait travailler mon examen. Ce sont des choristes, très proches de lui, qui lui ont demandé de me prendre sous son aile.

Extrêmement doux, respectueux, cet homme, même avec son titre d'étoile, demeure très gentil et me fait travailler avec efficacité. À l'époque, ce qui m'émeut le plus, c'est d'aller dans les loges des étoiles. J'ai l'impression d'accéder ainsi au firmament et d'être dans l'antichambre du paradis.

Pour me conforter dans ce sentiment, je me fais aussi épauler par mon « petit père » et ma « petite mère »... J'ignore d'où vient cette tradition. L'appellation par elle-même me fait penser à la Russie et aux ballets qui firent la renommée de Saint-Pétersbourg. C'est en fait une sorte de parrainage.

Mon petit père – Jean-Yves Lormeau, un danseur étoile et un être extrêmement exigeant – donne maintenant des cours à l'école de danse. Il m'a connue quand j'avais six ans. Originaire de Saint-Germain-en-Laye, il m'a remarquée lorsqu'il était jury à l'école de ma ville d'adoption. Il paraissait naturel qu'il devienne mon petit père. C'est une des personnes avec lesquelles je préfère travailler mais je n'ai jamais vu quelqu'un d'aussi intransigeant. Lorsqu'on répète avec lui, tout doit être parfait jusqu'au petit doigt... On peut recommencer un geste cent fois. Je l'adore ! C'est vraiment une très bonne expérience de partager quelques moments avec lui parce qu'il s'est façonné au contact de gens prestigieux tels que maître Brieux, mort aujourd'hui, qui a formé Claire Motte.

Comme petite mère, c'est plus complexe. Pendant longtemps j'hésite. Enfin, à quatorze ans environ, lors d'un des grands défilés de l'Opéra de Paris, j'abandonne mon idée de prendre une danseuse étoile. Au moment de quitter la scène, je me place dans les coulisses et, là, je vois une apparition sublimement belle, la plus jolie fille du corps de ballet. Magnifique ! Fraîche. Blonde. Avec quelque chose de rayonnant et de merveilleusement gentil. Très chic. Un peu le genre de Grace Kelly. Plus aucun doute ne subsiste... Fabienne est coryphée, c'est-à-dire qu'elle est au plus petit grade du contingent. Quand je lui demande donc d'être ma petite mère, elle accepte. On se voit alors de temps en temps. Bientôt elle monte et est promue sujet...

À l'époque, à l'Opéra, il y a la Compagnie classique du corps de ballet, mais parallèlement fonctionnera aussi, pendant une dizaine d'années, une compagnie moderne, le GRCOP (Groupe de recherche chorégraphique de l'Opéra de Paris), dirigé par Jacques Garnier.

Ce groupe est constitué par une dizaine de marginaux issus du corps de ballet qui n'en peuvent plus et qui, pour éviter de « péter les plombs », prennent cette orientation. Cette solution en sauve quelques-uns. Ils se dirigent vers le contemporain, ils font des petites tournées, ils s'éclatent bien et se rodent à une nouvelle forme d'expression.

Fabienne fait partie de ceux qui ont rejoint le GRCOP, mais très vite elle démissionne. Trop, c'est trop. Même en choisissant une voie de substitution. Et je ne l'ai pas revue après. Cela dit, on ne se connaissait pas beaucoup. Ainsi, je ne sais pas ce qu'est devenue ma petite mère. Voilà qui montre bien la brièveté de certaines fréquentations dans notre milieu.

Lorsqu'on demande à quelqu'un ou lorsque quelqu'un plus tard demande : « Veux-tu être ma petite mère ou mon petit père ? », cela ne signifie pas que la personne sollicitée va automatiquement aider le quémandeur. Aider, c'est un grand mot. Disons plutôt qu'un petit père ou une petite mère peut épauler son filleul et le faire travailler plus particulièrement en période de concours.

Pour ma part, il n'y a qu'à l'école de danse où l'on a requis ma candidature. Je me suis occupée de fillettes de huit ans alors que moi-même j'atteignais mes douze ans. Ça se passe ainsi à partir de la troisième division : on peut déjà être petite mère et même plusieurs fois de suite, c'est courant...

On n'est pas toujours super disponible à la demande de l'autre, surtout dans ce métier où chacun a déjà fort à faire... Par ailleurs, les relations relativement limitées qu'on peut avoir avec un interlocuteur aussi privilégié qu'un petit père ou une petite mère relèvent de la caractéristique des échanges auxquels on a droit à l'Opéra de Paris, où personne ne se mélange. Les danseurs par exemple ne fréquentent pas les musiciens, les accessoiristes n'adressent pas la parole aux professeurs et les étoiles ignorent les figurants. On reste dans les conventions. Pour ceux qui cherchent plus, s'abstenir...

***

Dans le milieu des années quatre-vingt, à l'âge de la puberté, la curiosité de découvrir l'existence hors les murs grandit. Je désire sortir de ce cercle où finalement on végète en circuit plus que fermé. Ne fréquenter que des danseurs et ne parler qu'aux professeurs m'étouffe.

Au fur et à mesure que je prends mon envol, que je

côtoie des amis extérieurs à ce monde, je vois combien il est bon, au moins mentalement, d'aborder d'autres sujets de conversation que nos éternels commérages, et nos points de référence où chacun ne trouve de justification que dans le regard de l'autre.

« Dehors », je rencontre des gens moins narcissiques, moins égocentriques, plus terre à terre. Je prends conscience de l'importance du quotidien, une notion niée voire méprisée dans notre sanctuaire.

Habillée en minette, en gamine de mon âge, sans vraiment me soucier de mes charmes de nymphette, je cours les expos, les concerts, pas ceux où l'on s'extasie sur Mozart, Bach ou Prokofiev – compositeurs classiques que j'affectionne particulièrement – mais plutôt Madonna, dont je suis archi-fan. Côté cinéma, James Bond que je considère comme un gentleman retient ma préférence, mais j'apprécie aussi l'originalité et l'ironie de *Meurtre dans un jardin anglais*, la sombre magnificence du *Dernier Empereur* et autres films à grand spectacle.

En tournée, même scénario, si j'ose dire. Mais cette fois en compagnie de Noémie, une copine avec laquelle je partage ma chambre au foyer depuis quatre ou cinq ans. Pas question d'affronter l'inconnu inconsidérément. S'amuser, oui. Se mettre en danger, non. Dans les villes étrangères, en raison de mon (encore très jeune) âge, je privilégie les sorties en groupe pour partir à la conquête de la nuit et danser ainsi jusqu'à l'aube non plus sur des arpèges harmonieux mais sur des rythmes syncopés et décoiffants qui permettent de se lâcher, d'expulser les tensions auxquelles notre apprentissage nous contraint. Parfois, comme à New York, je m'évade aussi en écoutant du jazz dans des petits clubs dont seule cette métropole a le secret.

Revenue à Paris, je me distrais surtout le week-end. Côté cœur, je mènerai une vie bien sage jusqu'à mes dix-huit ans. En 1986, je rencontrerai Alain, un jeune architecte dont le physique n'était pas sans rappeler celui d'un certain *Hussard sur le toit*...

Premier amour.

La romance durera sept ans. Je me souviens de ma soumission, de mes attitudes de jeune femme aux petits soins pour son compagnon, de mon mutisme, de mes silences lorsque cela n'allait pas.

En amour comme en amitié, je serai longtemps incapable de me disputer ou d'exprimer mon mécontentement. Lorsque je ne supportais plus un malentendu, je disparaissais. Mais jamais je n'affrontais ni ne provoquais un éclat, des scènes et toutes ces manifestations hystériques que je hais.

Je serai bien sûr inconsciente de la dépendance affective dans laquelle je m'enfermerai vis-à-vis d'Alain. Il me faudra partir en tournée au bout du monde après quelques sept longues années de servilité pour réaliser soudain l'incongruité de la situation, la nécessité de rompre et de vivre enfin pour moi-même.

Du jour au lendemain, je quitterai donc Alain. Je partirai sans rien, ni meubles, ni effets. Il en restera abasourdi. Je n'emporterai aucun bien matériel. Mais j'aurai un nouveau bagage, celui de mon émancipation.

Rien n'est jamais fortuit. Tout ce que j'ai connu dans ma famille, auprès de ma mère, à l'Opéra, avec ce premier amour, et ce qui va m'arriver par la suite, est lié.

Je m'en rends compte aujourd'hui, maintenant que j'essaye de me guérir de mon regard d'enfant blessée. Trop longtemps je me suis positionnée comme une victime ou un être inférieur ne méritant aucune attention.

Fascinée par le pouvoir et ceux qui en exerçaient un, j'ai subi les événements ou les décisions des autres sans protester. Sans résister. Du moins concrètement. J'ai omis de me faire respecter et, par conséquent, de me respecter. Au détriment de ma propre dignité. J'ai entretenu une situation, un état de fait.

Incapable de me rebeller, anesthésiée par la douleur qui me maintenait dans une condition proche de l'autisme, j'allais devoir encore attendre et subir maintes humiliations avant de réagir, d'exploser, d'arrêter de reproduire toujours un schéma identique et de bannir ma léthargie.

Si la rupture avec Alain n'a pas marqué pour autant la fin de mon aliénation, elle a correspondu à une première ébauche, à une velléité inconsciente de changer. Pourtant j'allais devoir encore patienter et supporter quelques galères avant d'adopter un nouveau mode de pensée...

*
**

Les deux dernières années à l'école de danse, je danse beaucoup. Ainsi, pendant une tournée au Japon, il se trouve que je participe à tous les ballets dans la soirée. J'interprète par exemple *La Cigale et la Fourmi*, extrait des *Animaux modèles*, je sors vite de scène, je change de costume et j'enchaîne illico avec un autre et ainsi de suite...

Plus je danse, mieux je me sens en scène. Normal ! Plus on nous fait danser, plus nous prenons de l'assurance, plus nous nous épanouissons... Et je ne fais pas exception. Je danse, je m'éclate. L'adrénaline à plein régime, je me sens pousser des ailes.

Portée par cette énergie positive, je sens l'ambiance s'améliorer. Venturier me demande même de faire un remplacement important. Un gros-gros truc. Le spectacle en est à la pré-générale. Il me faut vite, très vite, apprendre la place. C'est ce que j'aime faire. En réalité, il y a très peu de remplacements au dernier moment. Mais je note que très souvent on m'a appelée à la rescousse dans ces cas-là, car cela colle avec mes compétences.

Arrive la générale – l'ultime répétition en public avant la première –, au théâtre des Champs-Élysées. Me voici sur scène. Incroyable. Je m'exécute de telle façon que je n'en reviens pas moi-même. Le spectacle s'achève. Les applaudissements, comme on peut en recevoir le soir de la générale, partent en vrille, crescendo. Les gens dans la salle manifestent leur satisfaction.

Soudain, au micro, j'entends Venturier, ma directrice, me remercier devant tout le monde pour avoir fait ce remplacement et l'avoir fait « très bien ». Au micro ! Imaginez ma fierté. Surtout venant de cette femme qui me terrifiait et que j'admirais tout autant. Inutile de rajouter que je ne touche plus terre...

Des années après, j'entends encore les applaudissements, les félicitations au moment où elle dit : « Félicitations à Élise. »

Pourtant, ça m'est quand même arrivé plein de fois de

sauver in extremis un ballet. Mais se faire complimenter représente vraiment quelque chose de génial. Recevoir une certaine reconnaissance par rapport à son travail permet d'avancer bien plus sûrement qu'avec des brimades. Ne savent-ils pas cela, à l'Opéra ?

Pourtant, ces succès n'ont aucune incidence sur ma vie privée. Je continue à payer les agios de l'isolement, de la solitude des êtres, d'un être, moi, en l'occurrence. Il arrive un moment où même le début de reconnaissance que les autres vous manifestent ne suffit pas à combler le manque d'attentions du passé.

D'ailleurs, ce n'est pas parce que je suis rentrée dans les bonnes grâces des autorités que je ne me rends pas compte des injustices qui continuent de se prodiguer autour de moi. Pas plus que les autres je n'oublie. On a toujours une épée de Damoclès au-dessus de notre tête.

Tous pour un et Dieu pour tous ! Nous ne sommes qu'un numéro. Dès l'instant où on le sait, ça va très bien. Ils se servent de nous, ils nous exploitent et prennent le maximum de ce qu'ils peuvent nous prendre. Après, si nous n'arrivons pas à suivre, ce n'est pas grave, ils choisissent quelqu'un d'autre.

Et si je me répète, c'est qu'eux-mêmes ne se gênent pas, tout au long de nos classes puis au long de notre carrière, pour nous le dire et redire jusqu'à ce que nous n'en pouvions plus de l'entendre...

Ainsi, alors que nous sommes encore à l'école de danse et que je commence à recevoir des lauriers, une de mes copines se fait une sale entorse. Très vite sa cheville enfle. On peut même voir qu'elle a un œuf. Malgré ce signe tangible, Venturier refuse de la croire et lui dit :

– Si tu ne danses pas ce soir, il y en a cent autres qui attendent derrière toi pour prendre ta place. Si tu ne danses pas, je te raye de mes listes...

Sans même pouvoir se justifier ou s'expliquer, la pauvre part en boitant. Elle rejoint sa mère pour que celle-ci la soigne car, en plus, on ne nous fournit aucun suivi médical sérieux et chacun se débrouille comme il peut.

Ce genre d'anecdotes est un drôle de rappel à l'ordre.

La souffrance est un cercle vicieux. Lorsqu'on éduque un être sous le couvert de l'indifférence, celui-ci a toujours besoin d'amabilités, de douceur mais, en même temps, il les refuse car il n'y croit pas. Il en veut toujours plus pour se convaincre. Il mise sur la gloire, symbole de la reconnaissance en majuscules. Cette ambition d'atteindre le sommet permet de tenir et de tout endurer. Mais au plus profond de lui-même il reste un enfant, comme moi je demeure une petite fille perdue et terriblement désemparée.

Ce n'est pas parce qu'on rencontre quelques succès éphémères qu'on peut d'un seul coup tourner la page. Il faut parfois un sérieux coup de pouce du destin pour envisager une nouvelle existence. Acquérir la confiance en soi est un long cheminement. Pour atteindre ce but, certains ont recours à des psychothérapies ou à des stages de remise en forme. D'autres n'y arrivent jamais.

Pour moi aujourd'hui, au point où j'en suis, il devient vital de parler.

Ma thérapie, c'est d'oser dire, de formuler ce que toujours j'ai tu. Quand les maîtres font avancer leurs élèves à coup d'humiliations, c'est une honte. Et je me dois de l'expliquer afin de servir de révélateur à ceux qui subissent la même épreuve. Quand on nous déconsidère, quand on nous humilie, ce n'est pas légal. Sachons-le ! La normalité, la vie, c'est quand même autre chose...

Facile à dire aujourd'hui. Mais à l'époque dont je parle, il va me falloir encore une bonne quinzaine d'années pour le comprendre et l'admettre.

— DEUXIÈME PARTIE —

# L'ÂGE D'OR

*« On pense à moi pour une place ;*
*mais, par malheur, j'y étais propre ;*
*il fallait un calculateur,*
*ce fut un danseur qui l'obtint. »*

BEAUMARCHAIS,
*Le Mariage de Figaro*

## – 1 –

## PRÉLUDE

– Chalumôx, Boulinox, Arnôx, la Gonasse ! Taisez-vous !

Immédiatement, les quatre filles concernées s'immobilisent. Un peu comme dans un dessin animé. Gros Minet est en train de se ruer sur Titi quand l'image s'arrête.

Les filles en question, c'est moi et mes trois acolytes. Notre maître de ballet – qui apparemment rencontre quelques difficultés à nous supporter – nous a surnommées en ajoutant des x ou en déformant sciemment nos patronymes pour bien nous signifier que pour lui, nous ne sommes que des « gonasses », mélange d'idiotes et de grognasses, à moins que ce ne soit pire.

Le maître s'appelle Serge Ivanoff. Il est le bras droit de Rudolf Noureev.

Quand j'entre dans le corps de ballet en 1985, en effet, Noureev en a pris la direction, en 1983.

Immédiatement, comme chacun des artistes de la maison, j'éprouve pour celui que nous surnommons le

Tsar une admiration et une dévotion sans bornes. L'homme est fou, caractériel, démesuré mais surtout monstrueusement doué, fin et quelque part terriblement humain. En deux mots : touchant et charismatique.

En septembre 1985 arrive Ivanoff, un autre Russe, qui va devenir son adjoint. Mais je subodore que ses méthodes datent d'avant sa nomination. Un tyran à l'ancienne !

Pendant les deux premières années de son mandat, bien qu'il ne puisse pas me voir et qu'il m'affuble de ce surnom ridicule, il me laisse pourtant tranquille. La vie se déroule de manière relativement sympa.

À côté de lui, un autre maître de ballet, que nous nommerons pour la circonstance Régis Glass parce qu'il est toujours en fonction à l'Opéra, prétend, lui, bien m'aimer. Je ne sais pas pourquoi. Sans cesse, même au micro, il me dit et me répète qu'il m'adore, mais derrière mon dos il passe son temps à m'assassiner. J'apprends donc vite à mes dépens que l'esprit maison perdure bien au-delà de l'école...

Toute à la joie cependant d'avoir été acceptée dans la célébrissime troupe, je me persuade – encore une fois – que ces simagrées vont passer, que ces petits désagréments ne sont rien en comparaison de l'avenir prometteur qui m'attend et qu'il vaut mieux de vilaines remarques que pas d'attention du tout...

Mes classes terminées, mon examen réussi, j'abandonne mon statut de pensionnaire avec cours pris en charge par la maison et me sens soulagée à l'idée que mes parents ne vont plus payer mes frais de pension.

C'est grâce à mon père que je trouve un petit appartement dans le VIIe arrondissement. Je gagne ma vie, je ne dois plus rien à personne.

Promue professionnelle, je deviens une salariée. En entrant dans le corps de ballet, je touche à l'époque un salaire de sept mille francs environ, soit mille euros actuels, ce qui me paraît une véritable fortune. C'est énorme. J'ai l'impression d'être très riche. Par rapport à la société, à la norme des gens, je me trouve bien payée. C'est beaucoup mieux que le Smic. Cependant, question monnaie, à l'Opéra, on retrouve les mêmes inégalités que dans d'autres corporations. Par exemple, le salaire de base d'un danseur est beaucoup moins élevé que celui d'un choriste ou celui d'un musicien. En fait, certains corps de métier savent se défendre, se protéger. Pour la plupart, ils se conduisent en adultes. Mais il est vrai qu'ils arrivent dans la maison à partir de trente ans. Nous, quand nous arrivons, nous sommes des bébés. Eux ils ont des syndicats et les font intervenir. Nous aussi nous en avons mais, chez nous, nous ne nous soutenons pas les uns les autres, chacun défend sa propre peau.

Une étoile peut gagner entre trois mille et quatre mille cinq cents euros par mois. Ce n'est pas forcément le Pérou quand on comptabilise les années d'études qui n'ont rien à envier à celles d'un médecin. Cela dit, si l'on est danseur étoile, on peut se produire dans des galas à l'extérieur, ce qui agrémente les finances.

Côté promotion, dans l'ordre hiérarchique, crescendo, il y a les quadrilles, les coryphées, les sujets, les premiers danseurs et les étoiles. Pour commencer, on nous nomme quadrille.

Pour reprendre la grille de certains salaires, après quelques décennies sans promotion, un quadrille avec vingt ans d'ancienneté touche environ deux mille euros par mois. C'est ainsi.

Certains sont condamnés à rester dans un placard. En fait, à l'école ou dans le corps du ballet, on est toujours en butte aux caprices des décideurs. Dans beaucoup d'administrations, paraît-il, on retrouve le même cas de figure. C'est juste un peu drôle de le constater à l'Opéra, où, me semble-t-il, on pourrait s'attendre à ce que les dirigeants ne se conduisent pas comme des fonctionnaires.

Un sujet, qui interprète des rôles relativement importants, doit être payé à ses débuts entre deux mille trois cents et deux mille six cents euros. Pourtant l'emploi du sujet est ingrat, il travaille beaucoup dans les ballets, certes, mais aussi comme soliste. C'est assez difficile pour lui parce qu'il abat encore plus de boulot que les autres, souvent près de huit heures de répétitions par jour. Il doit accepter le roulement.

Quand on met en scène un spectacle, la préparation pour apprendre la chorégraphie dure un mois, un mois et demi à peu près.

Les répétitions se déroulent de 13 h 30 à 19 heures. Une fois que la pré-générale, la générale et la première ont eu lieu, on n'a plus qu'un service dans la journée. Un service, ça veut dire un temps de répétition qui équivaut à deux heures trente. Donc on travaille jusqu'à 16 heures. On reprend le soir pour les représentations publiques, de 19 h 30 à 22 h 30 voire 23 heures. De fait, on a peu de temps pour manger et se reposer. Surtout que vers 18 heures on doit se maquiller, apprêter son costume et se préparer pour le spectacle.

L'emploi du temps d'un danseur du corps de ballet dépend totalement du fait qu'il soit distribué ou non, bien sûr. Dès l'instant où se profilent de nouvelles créations, chacun se précipite vers le tableau où les distributions sont affichées, dans le couloir situé non loin des bureaux de l'administration.

Il y a des périodes où l'on n'arrête jamais. On se lève, on va danser jusqu'à épuisement entre les répétitions et les spectacles. C'est assez bizarre. Puis il y a des moments où carrément on ne fait rien, on reste assis toute la journée et l'on attend que quelqu'un soit malade pour prendre sa place. On rumine, on a le temps de bien se détruire la tête.

Dans d'autres pays les compagnies s'organisent autrement, par roulement toutes les filles dansent. Ici, il y a vraiment ces deux côtés : remplaçant et titulaire. Qui plus est, on doit compter avec deux distributions. Enfin, on l'aura compris, la direction fait surtout travailler la première.

À une certaine période, comble de l'horreur, nous avons droit à être inscrit sur une liste, une panoplie de titulaires et de remplaçants en attente d'être distingués, comme dans un harem. C'est encore plus malsain.

Le seul moyen de pouvoir travailler et de se détendre consiste alors à prendre des cours de danse le matin. Ça, c'est ouvert à tout le monde. Il y a des cours de danse pour s'échauffer, pour se préparer aux répétitions. Moi je m'y rends tous les matins, histoire de conserver forme, résistance physique, et moral.

Les gens en place – la direction de l'Opéra, le directeur du corps de ballet, les maîtres de ballet, les régisseurs, les répétiteurs – font la pluie et le beau temps. « Ils » sélectionnent selon leurs engouements qui ils veulent.

Après avoir abandonné le procédé de la liste, « ils » prétendent faire des distributions « alternées ». De fait, ils disent par exemple :

– Toi, tu vas prendre cette place, quand machine fera un rôle de soliste, tu la remplaceras.

Avec ce système, à la limite on sait où on va, ça motive. Il faut bien comprendre que lorsque quelqu'un est remarqué, il n'agit que pour sa pomme. Personne ne peut compter sur le secours d'autrui. Soit nous sommes reconnus, à la mode, et toute la troupe nous fait la cour, soit nous déplaisons et chacun nous ignore. Quand nous dansons, ils viennent nous faire des commentaires sur notre interprétation mais quand nous ne sommes plus distribués, plus personne ne nous regarde.

La troupe se fiche de ce qu'on est ! On n'est qu'un danseur... Dans la compagnie, l'être humain n'est pas concerné. Dès l'école de danse, on le forme pour ça, afin qu'il devienne une bête de scène. Donc, il se débrouille comme il peut pour y arriver. D'abord par le travail, mais aussi par les relations. Chacun sa galère. Et ceux qui ne parviennent pas à monter ou à suivre restent en rade.

Ils disent : « Nous formons une très grande famille... » En vérité, il n'y a aucune solidarité.

– 2 –

## PROFESSIONNELLE, ENFIN !

Chaque année, dans le corps de ballet, il y a un concours de promotion, facultatif par définition mais obligatoire en fait, car il permet éventuellement d'accéder à un grade supérieur.

Dans le corps de ballet, contrairement à ce qui se passe dans l'école de danse, on ne peut pas se faire renvoyer à moins de commettre une faute professionnelle grave. Nous avons un contrat à durée indéterminée. Une fois que nous y sommes nous allons jusqu'à la retraite, qui se décroche pour les danseurs à quarante-deux ans. Comme partout, si nous donnons notre démission, si nous partons, nous n'avons aucun droit.

*
**

Heureusement, dans la compagnie, j'ai deux ou trois copines vraiment fiables et loyales dont Zoé, une nouvelle recrue ; mais très souvent, en raison de nos emplois du temps discordants, je suis seule, très seule.

Zoé est une métis d'origine martiniquaise qui a intégré le ballet comme surnuméraire à quinze ans et demi avec une dérogation. Élève de Claire Motte au Conservatoire de Paris, elle fait partie des rares personnes qui sont entrées dans le ballet sans avoir fait leurs classes dans la maison.

En butte à un monde que je trouve ingrat, je dois faire face à mille bobos imprévus, notamment aux pieds. Déjà je ne peux plus danser sans pansements ni coton, à moins d'attraper tout de suite des ampoules. Le pire, c'est quand j'ai une cloque au talon et que toute la peau s'en va, comme découpée au scalpel.

Les ampoules au talon proviennent du frottement des chaussons et de la colophane, cette résine écrasée qu'on met sur le collant pour le faire adhérer aux chaussons. Si on ne met pas de colophane, on risque de perdre le talon de son chausson en dansant et de glisser sur le lino. Tout est donc colophané et le frottement crée souvent de mauvaises plaies. Il faut composer avec. Pour pouvoir continuer de danser ainsi blessée, il faut découper tout le chausson.

Quant aux cordons (du chausson), on les coud. On les rentre. Ou on les colle. On se doit de donner une image parfaite. Pour le public. Peu importe le supplice, du moment que l'on provoque l'ivresse du spectateur...

Parfois il m'est arrivé de danser avec un œil-de-perdrix, une espèce de cratère entre les deux orteils ; la douleur est proprement abominable, intenable ! Ça fait un mal de chien. Cependant, là encore, pas question de songer à prendre un congé maladie ! Le temps des soins, on n'arrête pas de travailler. Au diable la souffrance... Donc on gratte, on met des produits qui assèchent l'entaille, on découpe un peu le chausson, on se shoote, on prend des analgésiques. Juste avant d'entrer en scène, on se dit : « Jamais je ne vais pouvoir, j'ai trop mal, c'est trop horrible » et puis après le premier quart d'heure, quand c'est chaud, on oublie. Et la danse, encore une fois, reprend possession du corps et de la volonté.

*
**

À nos débuts dans le ballet, mes copines et moi sommes les premières jeunes qui arrivent pour renouveler la compagnie. L'ancienne génération est en fin de parcours, sur le point de partir à la retraite. Le renouvellement se fait de plus en plus vite. Ce doit être d'ailleurs assez inconfortable pour les danseuses depuis longtemps en place...

On arrive par contingent de trois, quatre ou cinq filles. Les « petites vieilles », comme nous les appelons en raison de leur taille plus modeste que les nôtres, font leur loi. Très vite on distingue deux clans, celui des petites vieilles et celui des grandes, les nouvelles. Personne ne dissimule ses opinions. On baigne dans une rivalité déclarée. Les petites fréquentent celles de leur condition et les grandes restent entre elles.

Je garde en mémoire l'image de ces femmes, mères de famille, en train de faire du crochet ou des mots croisés ou une manucure, assises, attendant leur tour de passer pour danser. On se croirait dans un autre siècle. Elles parlent à voix basse pour se rapporter les potins.

Et puis voilà que nous débarquons pour marcher sur leurs plates-bandes. Chaque clan s'épie, prêt à se faire la peau. La « vieille » peau, toutes griffes dehors, se lime les ongles de façon ostentatoire afin de prouver qu'elle est la meilleure. Histoire de faire valoir sa caste.

Pour nous non plus, ce n'est guère facile. Dès qu'il faut remplacer, prendre la place de quelqu'une, qu'elle soit devant ou derrière, celle-ci ne nous aide pas. Même pas du tout. Les unes ou les autres nous font bien comprendre qu'elles ont été éduquées, manœuvrées, maltraitées ainsi toute leur vie. À nous maintenant d'en baver. Du genre :

– Nos aînées ne nous traitaient pas mieux...

– On en a vraiment sué. Je ne vois pas pourquoi je te dirais des trucs, débrouille-toi.

Ou encore :

– Nous, les anciennes, nous avons été élevées dans des torchons. On ne voit pas pourquoi vous, les minettes, vous seriez élevées dans du coton.

Malgré cette ambiance un peu spéciale, j'accumule les répétitions. J'y vais à fond, déterminée à progresser encore plus. C'est toujours la même chanson. Dans la compagnie comme à l'école, plus on nous voit transpirer, complètement en transe, plus on nous considère comme des travailleuses. Il faut toujours montrer que nous nous vouons à la danse et que nous en voulons.

Sur scène, on ne s'exhibe même plus pour le public, on ne danse que pour les coulisses. On ne lève jamais les yeux pour voir les spectateurs tellement on est concentrées sur les Scotch, sur les lignes, sur les emplacements marqués sur le plateau pour se repérer.

Côté jardin le maître de ballet Ivanoff, côté cour l'autre maître de ballet, Régis Glass, nous jaugent sans pitié... Plan abominable ! Nous ne dansons plus... Nous faisons des mouvements. J'en arrive à un stade où je ne fais plus que des gestes sans consistance, sans état d'âme. C'est trop dur, cette surveillance permanente. Parfois, cependant, nous sommes touchés par la grâce, nous parvenons à les oublier et alors... c'est l'extase !

À l'Opéra, avant de commencer une création de ballet, de démarrer les premières répétitions pour un spectacle, personne ne nous raconte l'histoire. Imaginez un chef d'entreprise qui n'explique pas sa stratégie, un cinéaste qui tourne sans scénario ou un boulanger qui refuse de donner la recette de son pain à son mitron. Ici c'est pareil. Nul ne daigne nous donner d'explication. On va directement dans le vif de la répétition, on apprend les pas en ne sachant même pas quelles images cela va illustrer, quels sentiments cela va exprimer... L'œuvre se résume, se réduit à une succession de mouvements. « Ils » n'ont pas le temps : il faut que ce soit rentable. Seules les étoiles ou les solistes ont droit à un traitement de faveur.

Alors que j'enchaîne les répétitions, car tel est le destin de toute bonne remplaçante, j'obéis aux injonctions en regrettant ma première répétition dans le ballet...

*
**

C'était un lundi. À l'époque il y avait encore Claire Motte. On était dans la rotonde Chauviré. Comme il y avait des manquantes, je m'apprêtais à apprendre l'un des rôles du deuxième acte du *Lac des cygnes*, au fond de la salle.

Débarque Sylvia Albertini, la régisseuse générale, que tout le monde craint. Elle arrive, dit bonjour à qui elle a envie de le dire et adresse à peine la parole à ceux qui ne lui plaisent pas. C'est elle qui doit établir les distributions. Déjà je vois mes camarades trembler. Moi, je reste derrière. En fait, comme elle m'aime bien, je ne risque pas grand-chose. Survient le moment de la répétition : elle me désigne, afin que je puisse prendre la place manquante. J'apprends l'acte dans son ensemble...

Soudain, Claire Motte s'interrompt en plein milieu de la danse. On se regarde, on se demande ce qui se passe. Elle nous sourit avec sa gentillesse légendaire puis demande à l'une d'entre nous de raconter l'argument théâtral. La fille interpellée explique l'intrigue.

– C'est une jeune fille, dit-elle, qui rencontre un prince charmant et meurt. À sa disparition, elle se transforme en cygne. Le prince charmant la cherche, rencontre ce cygne qu'il ne reconnaît pas mais dont il tombe amoureux... À la fin, la belle se retransforme en princesse. C'est une histoire de prince et de princesse, avec une métamorphose entre les deux.

Claire approuve, remercie puis reprend :

– Voyez-vous, murmure-t-elle comme si elle nous

confiait un secret ancestral, pour ressembler à un cygne il faut d'abord penser à faire sortir toute sa féminité à travers lui...

» Lorsque, à un moment donné, les filles sont en diagonale et font des mouvements d'ondulation avec les bras, dit-elle encore, faites en sorte que les bras ressemblent à des vagues jusqu'au bout des doigts. Le spectateur ne doit voir ainsi qu'une seule ondulation, une seule vague et sentir de fait ce féminin à fleur de peau... »

Jamais elle ne nous dit :

– Soyez ensemble. Comptez un, deux, trois. Enchaînez sur ce mouvement, arabesque et tralala.

Non ! Avec elle jamais d'ordres intempestifs ni de conseils purement techniques. On ne sent que la finesse du cœur, l'intention de l'interprète qui a donné son corps et son âme pour servir les plus beaux personnages. En bon professeur, elle nous transmet ce qui la fait vibrer afin que l'on sente toutes et tous le merveilleux.

Quand l'une commence à danser, le courant passe, tout le monde participe. On pourrait exécuter le ballet les yeux fermés tant on en est imprégné.

Sublime époque où l'artistique primait sur la théorie et la technique. Il n'existe plus ce genre de professeurs. Or il ne suffit pas d'employer un danseur, encore faut-il le motiver... Tout dépend des rôles, de la chorégraphie, de ce que nous avons à faire, de l'histoire qu'on nous raconte aussi, quand on nous l'a racontée, évidemment.

À présent, les responsables nous robotisent et ne savent plus que dire :

– Et un, et deux, et trois, le pied, et la jambe...

Nous ne pensons plus à danser, nous exécutons des enchaînements afin de faire pour faire. Cela s'assimile d'ailleurs de plus en plus à des exploits sportifs. Mais bon, pour pouvoir « décoller », il faut se plier à cette discipline.

Pourtant, la danse va évidemment au-delà des mouvements. À un certain moment doit se produire un déclic. Le danseur (la danseuse) doit entrer dans une autre phase, aller beaucoup plus loin que la simple gestuelle, exprimer quelque chose d'autre qui prend une proportion, une dimension magnifique. Il passe au stade où il peut partir dans un délire contrôlé. C'est ce que j'appelle le déclic.

Il y a trois ans, alors que j'admirais *Le Sacre du printemps* sur une chorégraphie de Pina Bausch, je me suis émerveillée devant la prestation d'une ballerine. Dans sa loge, après la représentation, je lui ai dit :

– Ça y est, bravo ! tu as eu le déclic... tu es partie de l'autre côté, ça y est, tu danses vraiment, maintenant.

C'est tellement difficile à avoir, ça ! C'est tellement émouvant. On se sent pénétrée par une force céleste. Un souffle tout-puissant. On a presque l'impression de sortir de son corps. On est à la fois légère, indestructible, sans peur, et en même temps dans une force, une énergie insoupçonnées. Un vrai bonheur !

– 3 –

## DÉLIT DE SALE GUEULE : LA LOI DU HARCÈLEMENT

Quel est le pire ? Être traitée d'idiote ou de boudin ? Sans doute les deux ensemble. Serge Ivanoff, dit Sacha, le maître de ballet bras droit de Noureev hurle :

– Tu es laide, moche, triple imbécile... Je ne veux plus te voir sur un plateau. C'est déjà un miracle que tu sois dans le ballet.

Il poursuit en russe :

– *Pitza merda...*

Gronde en anglais :

– *Shit... Mother's fucker...*

Des mots que je ne traduirai pas et que l'on prononce plus dans des vespasiennes que dans le temple du beau. Terribles apostrophes pour illustrer – s'il en était besoin – combien le pouvoir rend fou.

Les sarcasmes et les camouflets sont notre lot quotidien.

Une fille tire sur mon justaucorps et me prend à part

pour me murmurer qu'elle doit demander une permission pour se marier.

Quelques minutes plus tard, justement, arrive la directrice du ballet. La fiancée en profite pour présenter sa requête. Ça ne fait pas un pli, l'autre lui rétorque :

– Tu ne peux pas, on a besoin de toi.

– Mais on peut me remplacer...

– T'as qu'à te marier comme tout le monde en été...

Voici la boss au bord du caca nerveux. Elle en rajoute et en balance ; l'humiliation lui sert d'arme pour faire avancer celui ou celle qu'elle prend comme cible. C'est ridicule ! On n'atteint pas l'excellence par la terreur. La discipline, oui. L'humiliation, non !

Pas question de danser avec douceur et gentillesse. Je ne connais pas une personne dans le ballet qui ne soit traumatisée. D'ailleurs les professeurs trop sympas voient leurs compétences mises en doute à cause de leur bonté. Qu'on soit élève ou professionnelle, l'exigence de nos supérieurs est de plus en plus draconienne. Ils nous éduquent d'une certaine façon, nous devons nous y conformer et nous taire.

Un peu plus tard, en pleine répétition, foudroyée par une crise de tétanie, une fille s'évanouit. Une danseuse la transporte dans la coulisse et appelle les pompiers tandis que Sacha Ivanoff nous fait signe de reprendre. Personne ne doit perdre de temps. C'est pareil pendant les représentations, si l'un ou l'une de nous craque, il y aura toujours quelqu'un ou quelqu'une pour prendre sa place. Ce genre de fonctionnement laisse en chacun(e) comme une empreinte de trahison permanente. Mais plus fort encore que la déloyauté, le poids du silence nous étouffe. Il est clair que si nous parlons ou faisons des vagues, nous serons rayé(e)s des listes sur-le-champ. La charte du pouvoir réside en une convention fort simple : ou on l'exerce ou on le subit.

Alors ?

Alors on continue ! On accepte le contrat de l'intolérable. Pour l'heure, comme je manque de maturité, je n'ai pas d'autre possibilité. En outre, mon attirance, mon engouement pour la maison, pour la danse et la gloire ne sont pas rassasiés, et il me semblerait encore plus monstrueux de tout devoir abandonner.

*
**

À l'instar de mes condisciples, je scrute les évolutions de mon corps, prête à bannir les premières rondeurs. Pour tenir la ligne, il nous arrive de nous nourrir de trois pommes dans la journée. Je me mets à fumer. Hormis la détente, la cigarette présente entre autres avantages pour moi celui de couper la faim. Les inconvénients, je les oublie...

Partout, à n'importe quel moment, « on » nous guette... On épie nos bourrelets. « On », c'est « ils », tout le monde, tous ceux qui distribuent et mettent en scène le travail en priorité, mais aussi tous les autres, du haut jusqu'au plus bas échelon de la chaîne des employés que constitue le monde du spectacle...

Ainsi, lors des essayages de costumes qui pourraient pour nous se révéler un vrai privilège – c'est si merveilleux de se parer d'atours de contes de fées –, les habilleuses et couturières nous gâchent le plaisir par leurs commentaires.

Les couturières réalisent les créations ou font les retouches ; les habilleuses nous habillent à chaque spectacle. La plupart du temps on ne peut pas s'habiller tout seuls, il y a des agrafes partout. Lorsque des anciens ballets sont repris, on ressort les costumes adéquats et on les adapte aux nouvelles danseuses. Ce qui devrait être une récréation tourne souvent au tourment. Quand les petites mains prennent nos mesures, elles ne se gênent pas :

– Mademoiselle, vous avez bien grossi...

– Et vous ! Vous ne rentrez plus dans votre tutu ! Quand allez-vous vous décider à maigrir ?

Des petites réflexions... pas méchantes, « pour plaisanter », mais dignes de l'esprit de la maison. L'humour assassine à bon compte.

Les séances de maquillage sont un moment de détente apprécié. Dans la salle réservée à cette activité, six ou sept maquilleuses nous attendent avant chaque spectacle. Si on a du temps, il est bien agréable de se confier à une professionnelle. On s'assied dans un fauteuil et, avec un peu de chance, on peut fermer les yeux et puiser quelques instants de calme...

Sinon il faut apprendre soi-même à se maquiller et à se coiffer, en regardant les spécialistes œuvrer. Au fur et à mesure, en lorgnant sur les autres, on essaye de reproduire les astuces pour approcher l'image de la perfection, anticiper et parer aux éventuelles catastrophes.

Parfois, en scène, il arrive par exemple qu'on perde sa

perruque. Horreur des horreurs ! Soit on se fait tuer, soit c'est la perruquière qui se fait vilipender. Ça survient rarement, mais il faut toujours se préserver de ce genre d'incidents.

Et puis les séances de « beauté » nous rassurent. Les maquilleuses sont gentilles, nous mettent en valeur. Cela nous change des appréciations abruptes de la direction. Un danseur a-t-il un nez un peu trop proéminent ?

– Il faut faire quelque chose, lui confie-t-on sur le ton de la confidence ou de l'intimité.

Inutile d'être sorti de Saint-Cyr pour comprendre qu'une intervention esthétique serait souhaitée. Idem pour les trop grosses poitrines. J'ai vu ainsi des filles en pleine puberté se faire rétrécir les nénés. Oui, elles se font enlever un bout de poitrine... Certaines filles de dix-sept ans n'hésitent pas à se faire carrément mutiler !

Pour ma part, ce qu'on me reproche à l'époque... c'est l'obésité ! Oui, mes supérieurs me répètent sans cesse que je suis obèse ! Alors que, de 1987 à 1995, j'ai pesé quarante-huit kilos pour 1,71 m. À un moment, on m'a tannée pour que j'aille consulter un endocrinologue afin qu'il me « surveille »... J'ai dû aller voir un autre médecin pour obtenir un certificat, avec la mention de mon poids et de ma taille, afin de pouvoir justifier la conformité de ma personne physique.

Mais cela ne m'a pas empêchée de prendre des médicaments pour maigrir. La pression était si forte !

En fait ils ne vous disent pas : « Il faut prendre des trucs » mais ils vous harcèlent en vous assénant des ultimatums : « Dans quinze jours, il faut que tu aies maigri de sept kilos. »

Pour atteindre ce but, les nanas n'ont qu'un seul moyen : avaler des substances chimiques qui réduisent leur appétit et leur permettent de tenir sept à huit heures par jour à danser non-stop, en ayant la pêche. Ou alors elles se font vomir après chaque repas. Parfois, lorsqu'on remonte dans les loges avant le spectacle et qu'on passe par les toilettes, on sent une odeur de vomi. Cela est valable à tous les étages. Pas besoin de mener une enquête. Certaines danseuses qui ont avalé des plateaux de « bouffe » à la cantine s'obligent à rendre leur repas pour conserver leur ligne.

Il n'y a pas de secret. La direction de l'Opéra nous veut toutes minces comme des lianes. Mais c'est aussi pour cette raison que certain(e)s doivent partir suivre des cures de désintoxication à force d'avoir absorbé des coupe-faim. Tout comme ceux qui carburent aux amphétamines. Évidemment ! Comment pouvoir tenir, sinon, ce rythme insensé ? Déjà que la cadence la plus normale épuise son pèlerin, ceux qui sont un peu cotés et se voient solliciter plusieurs fois dans la même soirée, enchaînant ballet sur ballet, n'ont vraiment que ce recours pour assurer et tenir.

Boudin, idiote, nulle, énorme, trop petite, trop grosse, les cheveux-ci et les jambes ça. Et parfois pire. Un jour, un administrateur a dit à ma si chère Zoé, la belle métis restée mon amie depuis lors :

– Tu connais les problèmes de peau de Michael Jackson ?

– Bien sûr, pourquoi ?

– J'ai l'impression que tu souffres de la même maladie. Ça serait bon pour toi de te faire soigner, toi aussi...

– 4 –

# NOUREEV, LE TSAR

Rivalités stériles et rétrogrades, régimes, châtiments corporels infligés à soi-même, blessures, plaies provoquées par un entraînement intensif et des instruments de torture tels que les chaussons... C'est le sort réservé aux ballerines dès leur intégration dans le corps de ballet. Nous ne nous en choquons pas. Nous ne nous hérissons pas. Formées, dressées, baignées dans cette idéologie, cette mentalité dès nos huit, neuf ou dix ans, nous trouvons normal de vivre ainsi.

On se fait houspiller, critiquer, malmener, soit ! On boude, on pleure mais on continue. La gloire est au bout du chemin. Il suffit d'assister à un spectacle avec Michaël Denard ou une autre super étoile, de participer à un projet alléchant et nous revoilà remotivées, prêtes à tous les sacrifices, vestales consacrées au temple de la grâce et de la beauté.

On se grise de pouvoir imaginer être associée à un chef-d'œuvre, à une illustre entreprise dont chacun gardera un souvenir impérissable. Même si les spots ou les projecteurs du vedettariat ne soulignent pas notre prestation, si la notoriété ne nous prend pas dans ses filets, nous aurons figuré au programme.

À défaut d'être le soleil, nous sommes les particules, les atomes qui intensifient sa magnificence. Dans son sillage, il nous sort de l'anonymat pour nous inscrire dans l'histoire. Car la célébrité est sournoise, veule, ingrate, dévorante. Elle peut très vite condamner ceux qu'elle a encensés, elle méprise le petit peuple et ne se satisfait jamais ni de légitimité ni de longévité. Elle veut plus, toujours plus. Dans tous les domaines.

On le découvre aujourd'hui dans les *reality shows* qui remportent des records d'audience. Mais dans le monde du spectacle, ce fut, c'est et sera toujours ainsi. Chaque artiste ferait n'importe quoi pour atteindre le succès. Une fois parvenu à la hauteur des dieux de l'Olympe, il continue de foncer pour se maintenir au sommet, inconscient des risques et des perversions encourus. Et ceux qui ne parviennent pas à se distinguer de la masse se contentent des miettes que le gratin récolte. Il ne faut pas se leurrer, depuis que l'art ne chante plus les vertus de la création mais l'orgueil de ses créatures, c'est la loi du marché...

*
**

J'ai dix-huit ans. Si gamine d'esprit, je papillonne, j'exulte. Abeille parmi les autres, toutes à tourner autour du bourdon : le Tsar. Le prince. Le roi des rois. Celui qui nous entraîne dans son sillage sur les cimes de la postérité. Je ne contiens pas ma joie : j'appartiens à la compagnie dirigée par Rudolf Noureev, le plus grand des plus prestigieux.

Pourtant, lorsqu'il entre en fonction, il est déjà en fin de parcours. Beaucoup d'ailleurs le jugent fou ou pour le moins excentrique, autocrate. Mais même odieux il conserve un peu de la magie qui incombe aux dieux, justement. Avec lui on ne s'ennuie jamais. On a l'impression d'être autre chose qu'un simple mortel. On accède à la folie, le bon délire, celui qui pousse à toujours donner le meilleur de soi-même.

Quand j'évoque Noureev, je pense immédiatement à Athènes. Nous y sommes en tournée. Comme avant chaque représentation, on répète pour retrouver ses marques. Évidemment cela se passe dans un amphithéâtre antique, en plein air, sous un soleil de plomb. Nous, les filles, nous transpirons et gémissons. Lui, imperturbable, nous fait poursuivre. Bêtes de somme nous sommes, bêtes de somme nous resterons.

Sur la scène d'où l'on contemple le fleuve des siècles, alors que la sueur dégouline dans nos yeux, nous tentons de repérer les marques dessinées au Scotch sur lesquelles nous devons nous aligner. Quand nous venons nous ranger sur ces marques, parfois il est impossible de nous ordonnancer parce que, avec les tutus, nous prenons trois fois plus de place... Alors Noureev nous crie dessus. Et l'on continue vaille que vaille.

Un jour, ce que nous craignions par-dessus tout arrive : nous avons une répétition à 1 heure de l'après-midi, en plein cagnard. « On » (c'est-à-dire le répétiteur) suggère au Tsar de décaler un peu la répétition.

– À midi, le baromètre a déjà atteint sa cote d'alerte. Plus de 40 °C et des poussières. Les filles risquent de se taper une insolation.

Mais le grand maître dit non.

À l'heure prévue, alors que le soleil culmine à son zénith, il arrive habillé d'un collant en laine, d'un pull, d'un gilet, d'une écharpe et d'un bonnet :

– Tant que je serai debout, nous annonce-t-il avec solennité, vous continuerez !

Il doit certainement mourir de chaud. Pour nous, déjà, c'est carrément intenable. Mais Noureev fait comme si de rien n'était. Impassible, il se tient debout au milieu du théâtre.

Moi j'aime bien cette force affirmée, cette mauvaise foi incontestée et incontestable. J'ai beaucoup plus de respect pour un homme comme celui-là que pour les femmes qui ont rongé notre enthousiasme du temps de nos jeunes années...

Je dois avoir dix-huit ans quand nous effectuons, peu de temps après mon adhésion au corps du ballet, notre première tournée à New York. Déjà, au Japon, nous venons d'être reçus comme des princes, comme nous l'avons été du temps de l'école de danse. Mais là c'est l'apothéose. Un immense battage médiatique nous précède. Quotidiens, magazines, télévisions se font écho de l'événement : Rudy lance la compagnie, et pas n'importe laquelle, celle du palais Garnier. Ce n'est pas rien. L'Opéra de Paris se déplace ! Et nous le représentons...

Voir un public en liesse est absolument enivrant. Nous

sommes vraiment dans le grand monde. Libres, adultes, non seulement dans la vie active mais dans l'univers des stars. Mes copines et moi sommes arrivées à destination. En outre, comme salariées, nous touchons des défraiements monumentaux, quelque cent dollars par jour et par personne. Pour de jeunes demoiselles, bonjour la *dolce vita* ! Même les rois du pétrole ne sont pas plus gâtés que nous...

Immédiatement, nous dansons *Le Palais de cristal*, *Le Lac des cygnes*, *Manfred*... Plus exactement « il » danse et nous suivons.

Dans *Le Lac des cygnes*, lors d'un des duos les plus illustres de l'histoire du ballet, Laurent Hilaire porte Élisabeth Platel. Suspendue dans les airs, la jeune femme ouvre les jambes – grand écart parfait – puis elle redescend selon les exigences d'une arabesque... Vêtu comme le prince qu'il interprète, le danseur met en valeur un pourpoint, une espèce de veste avec des agrafes... Au moment de faire atterrir sa partenaire, une des agrafes supérieures du pourpoint de Laurent s'accroche au tutu d'Élisabeth. Le couple se retrouve dans l'impossibilité de se séparer. Malgré ses efforts, Laurent ne peut se décrocher, son équipière reste coincée au col de son pourpoint, le tutu en l'air, la tête en bas, à une hauteur des plus équivoques. Ça fait désordre... Pour nous, c'est irrésistible. Le public, lui, sent un léger flottement et se demande sans doute pourquoi le prince des danseurs emporte sa belle dans les coulisses...

Bref, malgré un emploi du temps surchargé, les cours, les répétitions, on s'éclate bien ! Le soir, on fait une pause, on enchaîne, on court les autres spectacles, ceux qui passent juste après les nôtres. On écume les boîtes, les clubs de jazz. À l'époque sévit Joe Jackson (à ne pas confondre avec Michael), un formidable musicien blanc connu pour ses ballades *new wave* et amateur de mélodies jazzy. Son *Night & Day* illustre parfaitement l'ambiance de Big Apple, la grosse pomme de New York, la nuit à la fin des années quatre-vingt, lorsque le sida n'a pas encore montré l'étendue de ses ravages. Pendant une dizaine de jours on ne dort pas beaucoup ; ça va, on a la pêche.

Un soir, après une représentation, alors que nous logeons tous dans un palace « douze étoiles » de Parc Avenue, ma copine Zoé et Julien – un copain – reçoivent un bristol, une invitation à une réception « très privée » dans la suite de Rudolf.

Émerveillés, les voilà partis. Toc toc toc. Le régisseur général ouvre la porte. Zoé et Julien aperçoivent derrière ce cerbère une bande d'individus hirsutes, à moitié dépenaillés, déjà passablement ivres. L'ambiance rivalise avec celle des tripots les plus enfumés.

Une bouteille de vodka presque vide à la main, un invité à moitié nu surgit et éclate de rire.

– Voici du renfort, on va pouvoir poursuivre.

Puis, s'adressant à mes camarades :

– Savez-vous jouer au strip-poker ?

Les deux jeunes gens se regardent ahuris et bafouillent :

– Justement on est fatigués, on a cours demain matin, on ne pourra pas rester...

– Moi je ne sais pas jouer aux cartes...

Et avant que leur interlocuteur ne réplique, ils se sauvent comme des voleurs au hasard des couloirs moquettés d'un tapis si épais qu'il étouffe leurs pas. Ils me rejoignent dans ma chambre afin de me raconter, sur le ton des messes basses, en pouffant de rire comme des gamins, ce à quoi ils viennent d'échapper...

*
**

Ivresse. Délire. Démesure. De tous ces mots, c'est le dernier que je retiens. Il colle comme un gant à Noureev. Il lui permet de braver les interdits dont les puritains abusent avec virtuosité. Chez tout autre cela paraîtrait vulgaire, décadent. Avec lui, on ne peut que sourire et se sentir touché.

Plus nous avons l'opportunité de le connaître, plus nous l'apprécions, le vénérons. Le mot n'est pas trop fort. Dès qu'on le voit, on ne doute plus ni du succès, ni des bonnes surprises de l'existence. Noureev est un homme de ce monde, avec toutes les exagérations et les extravagances que cela induit.

Le Tsar parle très bien le français mais, avec la troupe, il ne l'utilise jamais. Quand il s'adresse à nous, il se sert soit de l'anglais soit du russe, surtout pour nous insulter. Cela doit être plus facile pour lui, plus imagé. Ça fait partie du personnage. Parfois, dans un geste de colère, il lui arrive de balancer son Thermos dans notre direction. Mais il sait aussi nous défendre et propose de nombreuses réformes en faveur de la compagnie.

Aussi dur avec les étoiles qu'avec d'autres personnes, Noureev ne fait pas de ségrégation. C'est aussi pour cela qu'on l'adore. En fait il désire supprimer la hiérarchie et les titres dans le ballet. Il souhaite avoir une classe unique de danseurs. Mais « on », c'est-à-dire les autorités directoriales, le lui refuse.

Pour les nominations de danseur ou danseuse étoile, avant lui, « on » nominait les étoiles un peu à la sauvette. Ni vu ni connu. Je te nomme et puis tu disparais. Il n'y a pas de quoi en faire un plat. Je te nomme parce qu'on ne peut pas faire autrement... Arrive Noureev et voilà qu'il révolutionne le rituel. Puisqu'il ne peut constituer un corps de ballet libre et égal, autant reconnaître et fêter ses têtes d'affiche. Pour la circonstance, il propose que cela se fasse en présence du public à la fin d'une représentation où la personne nominée peut ainsi démontrer son talent. Et en effet, cela dure tout le temps où M. Noureev est en place. Lorsqu'il cède le pas, Dupond conserve ce système mais, peu à peu, on retrouve les conventions séculaires. L'étoile se voit nominée derrière le rideau, lorsque celui-ci est redescendu. À huis clos. Comme si on lui faisait l'annonce d'une maladie honteuse. C'est complètement insensé, consternant, avec les médias qui existent maintenant !

Je me rappelle à cet égard la nomination de José Martinez, quelques années après la disparition de Noureev. Une cérémonie déprimante...

Cela se produit à un moment où Martinez ne s'y attend pas, après une représentation de *Giselle*. Le rideau se baisse après les applaudissements, les directeurs de la maison arrivent et se dirigent vers le danseur. L'un d'eux dit, presque à voix basse :

– Je nomme José Martinez...

Bla-bla-bla. Comme ça, sur un ton d'enterrement. On n'entend même pas la suite du discours.

Dans la troupe, certains s'apostrophent.

– Hein ? Quoi ? Comment ?

– Comment ?

– Que se passe-t-il ?

Finalement on devine la teneur des propos du ponte. L'intéressé n'a pas le temps de comprendre. Même pas de cocktail, rien. C'est ça, une nomination ? Il nous regarde. Nous sommes tous tellement choqués que c'est lui qui nous réconforte :

– Ne vous inquiétez pas, murmure-t-il, ça va aller...

Incroyable ! On reste quand même un petit moment autour de lui à le congratuler... Mais hormis nos félicitations, il ne reçoit aucune autre marque de soutien voire de reconnaissance.

Finalement, le monde de l'Opéra reste très fermé. On vit comme dans une sorte de secte en respectant un *establishment* suranné et absurde. D'une certaine façon, c'est de cela que Noureev voulait nous délester.

Mélange de colosse socialisant et vedette caractérielle, il veillait sur nous avec sa présence surpuissante. Je me disais à l'époque qu'avec lui je serais capable d'aller jusqu'au bout du monde.

*
**

Je ne suis pas allée au bout du monde, mais j'ai quand même eu droit, un jour, à un traitement de choix.

Un matin, à Paris, j'arrive dans la rotonde des abonnés, cette rotonde spécialement érigée pour accueillir les habitués de l'Opéra. Endroit mythique parmi tous. Situé au rez-de-chaussée, élaboré dans des nuances de marbre gris, baigné d'un éclairage proche de la pénombre, cet espace ne trouve de relief que grâce aux immenses miroirs qui l'entourent...

Alors que je suis venue suivre les cours de Sacha Ivanoff sous la férule du Tsar, je me retrouve seule face à eux ! Tous les autres, quadrilles, coryphées, sujets et autres gloires, exténués sans doute par la nuit sans horaires à laquelle nous avons participé la veille, ont boudé le rendez-vous.

Sans un mot, d'un geste, Rudolf me fait signe de commencer. Je prends ma respiration et je me lance. Minutes historiques, la plus grande de mes idoles prend le cours avec moi ! L'heure se passe sans que je m'en aperçoive. Comme une glissade dans les sphères de l'éternité.

Depuis je ne passe jamais dans cette rotonde sans apercevoir dans le reflet des glaces l'ombre spectrale du beau Rudolf.

## – 5 –

# ÉTOILES, ÉTOILES

Du temps de Noureev, on assiste à l'âge d'or de l'Opéra. En dépit d'un rythme outrancier, on vit une époque formidable. Classe ! Nous appartenons à la compagnie de l'élite. *The best of the world.* Jamais nous ne reviendrons à cette qualité et à ce prestige par la suite.

Sans interruption, on danse le répertoire dans le monde entier, les galas se multiplient. *Giselle*, *Raymonda*, *La Belle au bois dormant*, *La Bayadère*, *Le Lac des cygnes*, *Casse-Noisette*, *Cendrillon* occupent notre espace vital...

Avec le Tsar, les chorégraphies deviennent de grosses productions. D'après les chorégraphies de Marius Petitpa il « arrange » les grands classiques. Depuis Noureev, aucune nouvelle vague n'a émergé. Le ballet est resté figé dans les années quatre-vingt. Tout ce que le public voit aujourd'hui, en danse classique, vient de lui.

Noureev meurt en 1993, alors qu'il est revenu à l'Opéra et qu'il remonte *La Bayadère.* En quinze ans, le sida ne l'a pas épargné mais il a tenu. Vaille que vaille.

Aussi bien dans le blizzard que par temps de cagnard. À la fin de son existence, il s'allonge mais assiste quand même aux répétitions. En fait, on devine qu'il désire mourir sur scène.

Pour ma part, je le vois interpréter le répertoire dans son ensemble. Jamais je ne manque une occasion de l'admirer. Au cours de ses créations, *Casse-Noisette*, *Le Lac*... durant des reprises de ballets de Balanchine ou autres merveilles. Tout ce qui est inscrit au programme, il le danse. Il se donne ainsi au spectacle jusqu'à sa mort. Et si, à la fin de sa vie, il perd un peu de sa superbe, il n'y a rien en lui qui ne soit pathétique. On le voit souffrir, on sent qu'il a mal, mais il s'impose toujours et laisse une marque indélébile sur le patrimoine international de la danse.

Une grande rivalité, une certaine jalousie régnaient entre Dupond et lui. Un malentendu dont nous, pauvres manants, ignorions les secrets.

Un temps, Dupond a choisi de prendre le large... pour revenir ensuite en qualité de directeur du ballet après la mort du Russe.

Là, Patrick prend les choses plutôt à la légère, c'est-à-dire qu'il affiche un tempérament cool, super jeune, presque enfantin dans sa bonne humeur. Nous le considérons plutôt comme un pote. Mais en dépit de la sympathie qu'il inspire, il ne nous impressionne pas. On l'apprécie, certes, mais sans dévotion. Un peu comme on estimerait un grand frère.

– Je vous annonce la programmation de cette année. Ça sera ça et ça...

La plupart du temps, ses projets correspondent à des innovations. Mais en fait, Brigitte Lefèvre, la grande directrice de l'Opéra, tient déjà les rênes. Lui cumule le poste de directeur de la danse et de danseur étoile, donc il s'absente souvent parce qu'il remplit ailleurs d'autres engagements.

Noureev aussi cumulait, mais il était plus souvent parmi nous, vingt-quatre heures sur vingt-quatre... Il régnait. Et fascinait.

Loin de moi l'idée d'encenser le premier et de jeter la pierre au second. J'essaie juste d'expliquer comment un simple soldat peut percevoir la personnalité de ses généraux. À chacun son destin, sa carrière, son triomphe et ses croix. Ils sont tous les étoiles de mon panthéon personnel.

*
**

Bien que Serge Lifar ait connu la considération de ses pairs bien avant mon intégration à l'école de danse, je le découvre à mes débuts de petit rat : je le vois de temps en temps car il est à la direction du ballet. Lifar, cet homme incroyable, révolutionne vraiment certaines chorégraphies en lançant le néoclassique, cette forme entre modernisme et classicisme, très proche du classique mais qui introduit des changements dans les positions et surtout plus de liberté et de fantaisie.

À cette époque je remarque aussi Daniel Franck ; il donne alors des cours, mais s'occupe principalement des garçons. Trois ou quatre fois cependant, je tombe sur lui pour des cours du soir. C'est un grand maître, tout comme Max Bozzoni, connu comme le mentor de Patrick Dupond.

Max aime nous enseigner les subtilités de l'adage, ce morceau d'anthologie que les filles dansent toujours avec un garçon. Il nous apprend comment nous présenter pour nous mettre en valeur, nous comporter aussi lorsque notre partenaire met les mains autour de nous pour nous tenir, comment faire afin d'enchaîner ensuite sur des pirouettes selon un certain centre de gravité en jouant sur l'équilibre.

Autre référence : Michel Renault, qui donne des cours absolument géniaux. Coiffé invariablement d'un petit triangle de bandana sur la tête, il s'agite comme une libellule. Hyper gentil, je l'adore.

Mais oublions les profs pour parler des danseurs... On ne peut évoquer ces années sans citer Cyril Atanassoff, qui étincelle dans de nombreux ballets, *Le Sacre du printemps* avec Jacqueline Rayet et d'autres créations de Béjart mais aussi les incontournables classiques, *Le Lac*, *Giselle*... Encore professeur à l'Opéra de Paris, il me donne des cours. Magnifique, courtois, génial !

Et Michaël Denard, si proche de Béjart, si lié à la légende de *L'Oiseau de feu* ! Sorti de l'anonymat justement grâce à cette interprétation, Michaël est nommé danseur étoile de l'Opéra de Paris un an plus tard, en 1971, année faste où il reçoit le prix Nijinski. Prince Albert dans *Giselle*, prince Siegfried dans *Le Lac des cygnes*, James dans

*La Sylphide*, Roméo ou Hamlet dans le répertoire classique, danseur pour Roland Petit dans une nouvelle version de *La Symphonie fantastique* ou encore une fois pour Maurice Béjart dans *Comme la princesse Salomé est belle ce soir*, il exalte de beauté, de puissance, de passion.

Dans un livre consacré à cet oiseau (publié par Julliard en 1979), Béjart signe la préface. Un extrait : « (...) Michaël Denard, jeune débutant de l'Opéra de Paris, déchirait, il y a quelques dix ans, les ors ternis et les velours déteints pour s'envoler, combattant anonyme mais déjà marqué par le destin, faisant vibrer cette musique qui à l'aube du siècle avait fait grincer les foules mais réussi à ouvrir au ballet renaissant une voie triomphale grâce au génie d'Igor Stravinski. »

Juste pour le plaisir, un peu plus loin, on peut lire encore une définition de ce grand chorégraphe, qui pratique son art en le conjuguant au verbe de la poésie : « Le ballet dans son langage universel nous parle des hommes et des astres, des cœurs et des corps, de la vie et de la mort. Son langage est antidialectique et par cela riche en significations multiples. »

Dans nombre de ballets classiques, lorsque la mythologie dédaigne les princes, elle fait appel à l'Élu(e), le héros par excellence, incarnant l'idéal rêvé ou espéré. Et comme dans les contes de mon enfance, on retrouve toujours le même combat, celui du Bien et du Mal, le duel des bons et des méchants et la lutte pour préserver la pureté de l'absolu.

Pour quel triomphe Patrick Dupond combat-il ? Pour le sien, et il y réussit magnifiquement. Que ce soit dans *Don Quichotte*, *Giselle*, *Le Lac des cygnes*, *Le Corsaire*, il est complètement fabuleux ! Quand il entre en scène, on ne voit que lui. Il lui suffit de paraître pour resplendir. Il exploite sa personnalité à fond. Sans complexe. Il a le mérite d'avoir bousculé les institutions séculaires et d'avoir introduit dans une componction quelque peu vétuste la notion de star-system. C'est un style. On n'y peut rien. Il s'impose et réussit de lui-même. Envers et contre tout...

Pourquoi, d'ailleurs, dès qu'on parle de célébrité dans ce milieu, semble-t-on émettre un anathème ? Mis à part quelques danseurs étoiles – Dupond oblige –, ce métier ne rend pas justice à ses vedettes. Peu de personnes percent et sortent de l'anonymat. Ceux qui y parviennent ne sont jamais reconnus pour leurs véritables mérites. Malgré de longues années d'études et de travail, en comparaison de la persévérance et de l'investissement déployés, les artistes reçoivent peu de reconnaissance. Cela a-t-il un rapport avec la maison ou avec la mentalité ambiante ? L'administration ne fait pas travailler les médias. Quand on « nomme » une étoile, on l'a vu, c'est dans la plus totale confidentialité. Hormis Noureev et Dupond, les autres demeurent dans les oubliettes. On entend juste parler du nom de la maison, ou de ses prête-noms, ceux qui se tiennent en haut de l'échelle. Directeurs et administrateurs prennent tout pour eux, alors que les vraies vedettes sont quand même celles et ceux qui dansent !

Résultat : certaines étoiles quittent le ciel de Paris.

Comme Sylvie Guillem, une danseuse absolument extraordinaire, qui est partie rejoindre le London Royal Ballet. Pourquoi ? Certainement en raison des conditions insatisfaisantes proposées par l'Opéra de Paris...

À force de vouloir jouer aux plus forts, les directeurs ont nié une fois de plus l'évidence ; en l'occurrence, le don magistral de cette fille. Ils ne l'ont pas retenue et ils s'en mordent les doigts à présent. De temps en temps elle revient danser en invitée, en *guest*, sinon elle rayonne sur Londres, régentant son avenir en fonction de son talent, loin des imbéciles qui l'ont ignorée.

Guillem, oui, est époustouflante ! Je l'ai vue évoluer au fur et à mesure de sa carrière avant même qu'elle ne soit étoile. Elle doit avoir trente-huit ans maintenant. C'est vraiment la danseuse du siècle et des siècles ! Il n'y en aura aucune autre. C'est *Elle !*

*
**

À l'Opéra, un danseur ou une danseuse durent jusqu'à quarante-deux ans, après ils doivent prendre leur retraite... et se recycler comme ils peuvent.

Monique Loudières, qui fut avec Élisabeth Maurin l'une des partenaires de Dupond, travaille désormais à quarante-cinq ans comme directrice d'une école de danse à Cannes tout en continuant de danser en *guest* pour des galas.

De mon époque, on retient aujourd'hui les presque quadragénaires en fin de parcours : Laurent Hilaire, Isabelle Guérin, Manuel Legris, et Sylvie Guillem.

Les (à peine) trentenaires Aurélie Dupont, Nicolas Le

Riche, José Martinez et Agnès Letestu représentent la nouvelle génération. Plus récemment encore, Laetitia Pujol, très mignonne, et ses vingt-six printemps. Tous poursuivent la tradition : le renoncement aux revendications, le travail acharné au service de l'art, et parfois une forme de mimétisme qui fausse le jugement.

La maison qui nous emploie nous influence en effet, non seulement au niveau du comportement mais aussi dans nos appréciations.

À un moment donné, pour m'évader de ce répertoire, j'ai voulu prendre un an de congé sans solde et partir pour les États-Unis faire un stage de claquettes afin de me former à la comédie musicale. Je ne l'ai jamais fait. Quand on est à l'Opéra de Paris, on ne se dévoie pas ainsi.

À l'instar de mes maîtres et de mes collègues, j'ignore les marginaux tels que Régine Chopineau ou Karine Saporta, des chorégraphes un peu fous qui font les beaux soirs du Théâtre de la Ville, de la place du Châtelet ou des salles d'avant-garde. Pour nous ils n'existent pas. Impossible de prétendre que ce ne sont pas des gens sérieux puisque je ne les connais pas, mais je pense que pour l'Opéra de Paris ils font figure de rigolos. D'ailleurs, détail caractéristique, même en n'appartenant plus à la grande maison, je n'ai toujours pas pris la peine de me renseigner sur leurs créations. Certains réflexes, certaines idées reçues me poursuivent. C'est assez lamentable...

*
**

Est-ce à dire que l'Opéra est incapable d'évoluer ? En fait, à l'Opéra, on compte pour l'instant deux époques : la première, de sa création par Louis XIV jusqu'aux environs de l'après-Seconde Guerre mondiale, et la suivante, des années soixante à nos jours. Lorsqu'on détaille les anciennes chorégraphies des années cinquante, la danse classique d'alors ne ressemble en rien à celle de maintenant. À la fin de cette décennie se produit une évolution radicale. Désormais, les danseurs pratiquent leur art comme un sport de haut niveau. L'art demeure, certes, mais avec une sorte de goût pour les exercices de l'extrême. Rien à voir avec les *petits piétinés* et la promenade sur scène de jadis.

Avec Neumeier, Killian, William Forsyte, Carolyn Carlson, Jerome Robbins, des chorégraphes qui nous entraînent dans leur sillage dans le moderne et le contemporain, les danseurs du corps de ballet rencontrent souvent des difficultés et ne sont guère à l'aise. Certainement du fait de leur formation classique qu'ils se voient contraints de reléguer à l'arrière-plan, et bien qu'ils maîtrisent totalement ce qu'on leur demande ils abandonnent les pointes et se plient à un travail différent, à une autre gestuelle pour plonger dans l'inconnu.

Mais ceci constitue certainement le propre de l'art. L'évolution, d'autres s'y sont employés à l'Opéra...

Je me rappelle le *Notre-Dame de Paris,* un ballet en treize tableaux de Roland Petit sur une musique de Maurice Jarre avec, dans les principaux rôles, Isabelle Guérin, Nicolas Le Riche, Laurent Hilaire et Manuel Legris qui, par leurs efforts communs, ont recréé le roman de Victor Hugo.

Ballet intemporel. Coloré. Axé sur les contrastes et la féerie des mouvements du corps du ballet. Souligné par Isabelle Guérin, une Esmeralda plus vraie que nature. Des danseurs interprètes saisissants. Une chorégraphie servie par les costumes de Yves Saint-Laurent au faîte de son habileté. À la fois moderne et classique. International : vieille Europe et Bronx, sauce *West Side Story*. *Notre-Dame de Paris* réussit sans doute à introduire la comédie musicale à l'Opéra.

Quant à Roland Petit, pendant vingt-six ans, il a dirigé le Ballet de Marseille. Lui a succédé Marie-Claude Pietragalla, une autre de nos étoiles très médiatisées et fort douée tant pour la danse que pour ses idées originales.

Lors d'un entretien accordé à *Paris Match* à l'occasion de la première de *Sakountala*, une chorégraphie personnelle inspirée de l'histoire de Camille Claudel, « Pietra » ne cache pas que son prédécesseur a tout fait pour susciter jalousies et trahisons dans le but de lui couper les ailes.

« À cela, explique-t-elle, s'est ajouté le fait qu'il a emporté ses ballets. Je me suis retrouvée dans la situation du directeur d'un musée vidé de ses œuvres ! En un temps record, j'ai dû tout recréer. En trois ans, avec la troupe et sans subvention supplémentaire, j'ai racheté et remonté vingt-sept ballets ! Normalement, un centre chorégraphique national produit une ou deux créations par an. »

Histoires de famille...

*
**

Il y en a pourtant un qui, à mes yeux, se place au-dessus de toutes ces querelles. Un astre au physique déroutant, un homme aux yeux turquoise...

Quand Béjart arrive parmi nous, je suis petite, j'ai dix-huit ans, je viens juste d'arriver dans le ballet. Presque vingt ans plus tard, j'ai encore en moi l'empreinte de ses yeux bleus si clairs, de son regard complètement hypnotisant. Gentil, humain, il nous traite bien.

Chose rarissime, il nous raconte l'histoire du ballet qu'il monte. Quand il expose une scène, il prend une image et, sans se soucier du temps qui passe, il explique. Il présente un cliché, un symbole, un tableau de ce qu'il voit, il poursuit jusqu'à ce que nous comprenions et nous transporte en fait à destination, c'est-à-dire jusqu'au moment où il sent que l'histoire nous habite.

Si bizarre que cela puisse paraître, il est le seul chorégraphe avec Claire Motte et Pierre Lacotte – deux professeurs du corps du ballet – à se donner cette peine. Habituellement, je l'ai déjà évoqué, les responsables nous distribuent, nous envoient aux répétitions et, là, à nous de démêler les écheveaux du scénario et de trouver les ficelles pour avancer. Nos supérieurs ne nous apprennent que les marques sur le lino pour nous repérer sur le plateau face aux autres... Question finesse, on peut faire mieux.

a toujours un élu. Là, c'est elle. Le ballet se termine par une chorégraphie qu'elle interprète seule. J'ai pourtant assisté à de nombreux numéros de soliste mais jamais comme celui-là. Dans ce final, Géraldine Wiart semble transfigurée et donne à la chorégraphie de Pina Bausch une dimension absolument fabuleuse et transforme l'instant en un très grand moment.

Quand on contemple d'aussi belles prestations, on ne doute plus de l'importance de cet art. Dans ce genre de partitions, la science chorégraphique se veut l'égale de l'écriture, de la peinture et de la musique. Un danseur a dit un jour qu'il dansait parce qu'il ne savait pas parler. De tels ballets confirment la véracité de ces aveux. La danse ne signifie pas que joliesse et esthétique ; elle correspond au moyen d'expression le plus sublime des corps.

– 6 –

# L'EXAMEN DE CONTRÔLE, OU COMMENT DÉTRUIRE UNE VOCATION

Tous les ans, entre les 24 et 31 décembre, alors que les plus grosses productions sont au programme pour les fêtes de fin d'année, chaque membre du corps de ballet doit passer le concours de promotion. Cela revient à dire qu'en décembre, année après année, chaque danseur qui n'a pas encore atteint le grade le plus élevé s'astreint à danser pendant les six heures de répétitions journalières, mais aussi le soir lors des spectacles et encore trouver en plus un créneau pour son travail personnel.

Je l'ai déjà dit, le concours de promotion est facultatif ; mais, en fait, on nous oblige implicitement à le passer. Chaque candidat(e) doit danser deux variations, une imposée, une libre. Seulement quand on répète toute la journée les figures des ballets auxquels on participe et que le soir on est sur la scène, où, quand et comment travailler ? La nuit ! Beaucoup d'entre nous envahissent les petites salles du dernier étage après le spectacle. D'autres arrivent à l'aube.

Dans l'espoir de dégoter une classe libre, parfois je mets le réveil à 5 h 30 du matin afin de courir jusqu'au palais Garnier, parfois je dors dans la classe même pour que mon professeur ou celui qui me fait travailler vienne me rejoindre avant le premier cours. Sinon, entre danseurs, nous faisons un relais, celui ou celle qui nous a précédé garde le lieu.

Cela dit, pour la variation imposée, on peut la travailler avec le prof au cours du matin. Mais, pour la libre, on est obligé(e) d'y consacrer une heure par jour et de s'organiser de son propre chef. C'est pourquoi on prend alors quelqu'un de confiance. Non pas une copine (parce qu'elle est dans la même galère) : un sujet, un petit père, une étoile sur lesquels on peut compter.

Mais pourquoi planifier le concours à cette période ? En dépit du côté parano que cela implique, je subodore qu'« ils » le font exprès. Forcément, en nous mettant la pression à cette époque, on gâche nos fêtes.

Certaines années, il y a deux ou trois places de première danseuse à investir. Tous les sujets préparent le jour de l'examen, visant un bon classement et espérant décrocher la promotion, mais « ils » ne montent personne parce qu'ils décrètent que personne n'est assez bien.

D'autres fois, des places se libèrent. Ils font éventuellement passer une personne et les deux autres cité(e)s ne montent pas.

De toute manière, à mon sens, les concours sont arrangés d'avance. Je n'ai jamais fait partie d'un jury mais, avec les années, j'ai fini par savoir comment les délibérations se déroulent. « Ils » avancent d'abord un nom. Celle qui est choisie passe première et ainsi de suite. Normal ! Mais ils changent souvent d'avis. Ça tourne au jeu de l'oie. Les gens de l'administration ont une voix prépondérante. Et en définitif, c'est un peu à la tête du client.

Quand ils décident de faire monter et de récompenser quelqu'un, que cette personne tombe ou non pendant sa prestation sur scène, ils la placent première. Rien ne les arrête. Même pas un couac ou une variation ratée de dernière minute. J'en ai vu, des danseurs et danseuses trébucher ou choir, et se retrouver très bien notés...

Difficile dans ce cas de ne rien éprouver et de trouver cela équitable. On se dit : « Moi, je ne suis pas tombée, j'ai assuré mais en vain... » On a le sentiment d'avoir bien dansé mais à quoi cela sert-il ? On ne récolte rien. Même pas des clopinettes de compliments. Aucun encouragement. Pas un regard. Que du silence. De l'indifférence voire du dédain.

Comme tout un chacun, certes, il m'est arrivé de glisser, de vaciller, de perdre mes moyens en raison du trac, mais dans l'ensemble mon travail me paraît digne d'éloges. Chaque année je me force à donner le meilleur de moi-même. Chaque année je me répète que cette fois-ci sera la bonne, que je vais monter. Que nenni ! Jusqu'au jour où ma vie bascule...

*
**

Cela fait deux ans que je suis dans le ballet. Brutalement, je ne suis plus en odeur de sainteté. Ça me tombe dessus sans que je m'y attende. Je suis en pleine euphorie, au contraire, quand je reçois ma première lettre recommandée. J'ai vingt ans. On m'informe que je dois subir, en plus du concours de promotion, un examen de contrôle.

Que ce soit bien clair : si le concours de promotion ressemble à une promesse de récompense, l'examen de contrôle, lui, fait déjà figure de sanction.

Au début, franchement, je n'ose en parler à personne. Mais mon amie Zoé, cette jeune fille qui a intégré le ballet à quinze ans et demi avec une dérogation spéciale, m'avoue avec sa spontanéité habituelle avoir reçu un courrier identique. Nous ne sommes pas complices pour rien : nous affrontons toujours les mêmes épreuves ensemble.

Lorsque Claire Motte, le mentor de Zoé au Conservatoire et le mien aussi à Garnier, est décédée, l'un des maîtres de ballet a dit à ma copine :

– Pendant deux ans, grâce à ton prof, tu as été bien distribuée... Eh bien sache que le bon temps et les privilèges sont terminés.

Comme si elle – et moi – avions profité de prérogatives abusives ! Peut-être, en y songeant, avons-nous bénéficié de la protection de cette si charmante Claire Motte sans le savoir, mais n'empêche !

La lettre recommandée est sans ambages. « Nous estimons, est-il écrit, que votre travail ne satisfait plus nos attentes... »

Les nouvelles vont vite. Du jour au lendemain, on devient paria. D'un coup, « ils » annoncent le début des hostilités. Comme il leur est impossible de nous virer, car nous sommes exemptes de faute professionnelle et que nous avons un contrat à durée indéterminée, ils décident de remettre les pendules à l'heure et d'ajuster leur pouvoir.

– Toi, on va te mettre un examen de contrôle parce que tu ne fais pas bien les temps levés et les sauts de chat...

– Toi, ça ne va pas. Tu es trop contente de toi, tu souris trop...

– Toi, tu es difforme à force d'avoir grossi...

Arguments bidons ! Critiques arbitraires ! Faux, archifaux ! Ils s'en prennent toujours aux petites jeunes et ne s'attaquent jamais aux gens en place. Intouchables...

Soudain, selon leurs critères, j'ai un peu grossi. Normal ! Mon corps s'étoffe, épouse des courbes plus féminines, mes seins se développent, je ressemble à une jeune fille, un peu plantureuse au goût de certains mais tout est relatif puisque, rappelons-le, je pèse moins de quarante-huit kilos pour 1,71 m... Qu'importe, je ne suis pas assez maigre en comparaison des autres, pour la plupart anorexiques. Inutile de leur faire savoir que des personnes extérieures à notre milieu me considèrent comme une très jolie danseuse, ce genre de détail ne les intéresse pas.

Un matin, donc, je reçois cette lettre recommandée me précisant qu'ils me convoquent tel jour, à telle heure, parce que je ne corresponds plus aux critères esthétiques de la danseuse du corps de ballet.

Je suis tétanisée. Panique à bord... Je me dis : « Ils vont me virer ! » À cette idée, mon cœur s'emballe. Après toutes ces années, je ne tolérerais pas de me faire exclure. Nous sommes trois à partager la même galère. Toutes des filles. Des quadrilles.

Arrive l'exam'. On nous propose de présenter nos variations, deux danses imposées en nous expliquant la marche à suivre. Dans un premier temps il s'agit de passer avec tout le monde pour le concours (de promotion), ce qui nous permet d'avoir un public, de bien nous échauffer et de nous centrer ; ensuite, selon la coutume, comme pour chaque contrôle, on nous offre de repasser sur scène à huis clos, la salle quasi déserte. En totalité, on danse donc ces deux variations deux fois de suite dans la même matinée. C'est non seulement éreintant mais humiliant de recommencer exactement les mêmes pas à quelques heures d'intervalle. Mais on n'a pas le choix.

Zoé et moi nous consolons en nous persuadant que de présenter notre travail une première fois en public va permettre de convaincre les spectateurs présents que nous ne sommes pas si minables que ça ! Mais il est difficile d'avoir du détachement quand on joue sa vie. Et nous sommes au bord du malaise.

Entre chaque prestation, lorsque le ou la candidate achève sa présentation, la cloche sonne : « Diling diling ! » Une voix de stentor annonce la personne suivante : « Mademoiselle Unetelle ! » Diling diling ! Mademoiselle Unetelle arrive donc pour sa variation puis sort. On entend de nouveau la cloche : « Diling diling ! » Une autre enchaîne la variation imposée. Une fois que toutes les filles sont passées, la première revient faire sa variation libre. « Diling diling ! » Et ainsi de suite...

Ce jour-là, chacune passe. Le concours de promotion se termine sans incident. La salle se vide. Nous sommes dans la coulisse. Hormis Zoé, Anna et moi, il n'y a plus personne. Cela fait un mois et demi, depuis la réception de la lettre, que plus personne ne nous adresse la parole. À l'Opéra de Paris, il est toujours très mal noté d'être vu(e) avec des personnes qui n'ont plus le don de plaire. Une des étoiles dont j'étais assez proche ne me regarde même plus. Pourtant elle ne risque rien : sa réputation ne peut se contester. Mais elle préfère la prudence. Comme les autres, dont certains se montrent plus agressifs. Il faut avoir connu la disgrâce pour découvrir le regard cinglant qu'on porte sur les proscrits.

En attendant, prêtes à passer en cour martiale, nous nous retrouvons sur le plateau comme des idiotes tandis que le jury délibère au sujet des promotions. Nous pleurons toutes nos larmes, c'est horrible. On n'arrête pas de se répéter qu'on n'a pas mérité ça. On étouffe l'angoisse en proférant n'importe quoi, en dépit du bon sens :

– Ça y est, murmure Anna, on est bonnes pour se faire virer...

– Vous pouvez dire ce que vous voulez, je ne peux pas le faire deux fois de suite, ce n'est pas possible, c'est trop dur !

Bientôt, un sous-fifre s'approche et nous somme de nous préparer. On attend encore. Plus longtemps qu'on ne l'aurait cru. Au bout d'une vingtaine de minutes, ce porte-parole revient et appelle Anna.

– Vous avez du bol ! nous dit-il. Noureev a un avion à prendre... Dépêchez-vous. Vous allez vite passer. Et inutile de faire dans la dentelle, il est pressé.

Chacune notre tour, nous buvons la coupe de la désespérance jusqu'à la lie, une variation après l'autre...

À peine avons-nous le temps de conclure que ce même bonhomme nous apostrophe :

– Ça va ! On vous a assez vues. Monsieur Noureev doit partir.

On se regarde. Notre mine s'allonge. Nul besoin de commenter. Ils vont utiliser les notes qu'ils nous ont attribuées au tour précédent... Que nous ayons dansé de nouveau n'a servi strictement à rien. Vraiment ? Si ! Cela a permis d'accentuer la pression, de nous faire encore plus peur, de nous traumatiser et de nous mettre en transe pour un épisode auquel ils n'attachent aucune importance.

Quel mépris ! Il n'y a rien de pire que d'être déconsidéré(e) et rejeté(e) ainsi. Ça casse les personnalités et les structures mentales.

Depuis ce jour, j'ai toujours peur sur scène. Ils m'ont effrayée à jamais. Dès que je passe ou repasse un concours, je suis terrorisée.

Finie la belle confiance que j'éprouvais autrefois, lorsque j'avais conscience de ma valeur, de mon talent. Dès que j'arrive sur scène, dorénavant je perds mes moyens, mon corps tremble, je ne peux plus rien faire. Je me liquéfie. Anesthésiée par l'angoisse. Non pas celle qui donne tonicité, pêche et l'adrénaline, mais celle qui génère une anxiété dévorante, très similaire à ce qu'on appelle dans notre jargon un « trac mou », terriblement déstabilisant voire annihilant.

Et pourtant les mois se succèdent, je danse, on m'emploie, je ne fais aucune faute. Mais j'ai perdu la joie.

La foi ?

*
**

Autre année, autre lettre recommandée. Formidable !

Tandis que je me prépare pour subir ce nouveau contrôle, Régis Glass, l'un des deux maîtres de ballet et l'alter ego d'Ivanoff, me croise dans un couloir.

– Tu sais, cet examen de contrôle va beaucoup t'apporter. On t'impose ça pour ton bien.

Du genre : « Je joue avec toi, je te le dis et j'affirme quand même que je n'agis que pour toi. » Si ce type de comportement n'est pas de la perversité, peut-on me dire ce qu'il signifie ?

En fait, pendant toute ma carrière à l'Opéra, ce Régis

Glass va venir me voir pour m'assurer de sa... dévotion. Chaque fois que je vais me faire convoquer, il va se manifester en me répétant : « Mais je t'adore ! »

Je t'adore mais je te convoque. Comme je t'adore je te préviens, mais ça va t'arriver pour ton bien. Ayant un certain pouvoir, s'il m'adorait vraiment, il pourrait me protéger ou me soustraire à cette sanction, eh bien non ! Jamais je n'y échappe. Année après année, il me fait passer en correctionnelle. Par amour, je suppose. Pour que je progresse. N'est-ce pas un peu fort, tout de même, ces marques d'affection ?

Cette année-là, les responsables trouvent que j'affiche trop mon bonheur.

– Quand on te parle, me disent-ils, on a l'impression que tu t'en fiches.

En vérité, ce que je dégage les dérange, je ne suis pas assez dans le moule. D'autres ont reçu des lettres recommandées pour moins que cela. Moi, ma force consiste à pouvoir encore sourire. Afficher un masque de bonne humeur. Il ne me reste que ça. Le reste et les fragments de rêve se sont fracassés, fracturés en moi. Perdure un sourire immuable, seule réaction de subversion, résurgence de mes origines asiatiques. Mais, pour eux, il est encore de trop.

Quelques années plus tard, autre écho de malveillance. Au moment fatidique de passer le concours annuel de promotion...

Cette fois-ci je dois mener deux variations, une imposée, une libre que je présente d'ailleurs à une générale...

Sur le plateau, tout le monde se chauffe. Après le traditionnel « diling, diling » on passe une par une, l'une après l'autre. L'imposée, « diling, diling », l'autre libre, « diling diling ». Le rideau se baisse. Le prof arrive en faisant des corrections à Untel et Unetelle. À l'époque dont je parle, Dupond est en fonction comme directeur du ballet. Glass, le maître de ballet, ne peut s'empêcher de mettre son grain de sel.

– Qu'est-ce que c'est bien, vraiment super... Élise, tu as fait des progrès, c'est très beau !

Après lui, le prof rapplique et atteste :

– Oh là là, qu'est-ce que c'est bien !

Et les gens du ballet :

– Vraiment, Élise, c'est super, incroyable !

Et le grand ponte de la direction :

– Oui, très bien !

Avec de tels compliments, comment ne pas laisser vagabonder son imagination ? On a beau vouloir garder la tête froide, on se dit : « S'ils me disent ça, je vais peut-être monter, cette année, non ? » J'ai du mal à contenir ma joie. En tout cas, je suis déterminée à refaire la même chose le lendemain. Et, de fait, le jour J, j'assure avec brio. Ouf !

Radieuse, je repars dans mes pénates, un coin reculé de la coulisse pour attendre le résultat, le cœur battant. Je le sais : le concours s'est super bien passé. Mais lorsque les résultats s'affichent et que je cours les consulter, impossible de décrire ma déception : je ne suis même pas classée !

Alors quoi ? Si on vous encense, soit c'est faux et ce sont des hypocrites, soit c'est vrai et, s'ils ne donnent aucune suite, ce sont des fous.

En résumé, autant le dire tout de suite sans risquer de tuer le moindre suspense, je n'ai jamais décroché le grade supérieur. Je suis restée toute ma carrière au stade de quadrille.

J'en ai été déçue mais je n'en suis pas morte. Je dansais... J'ai fait beaucoup de remplacements en dehors des distributions qu'on a bien voulu me concéder. Je me suis toujours substituée à des « sujets » d'un grade bien supérieur au mien. Certes il est très honorifique d'être distribuée dans une fonction plus haute que la sienne, mais à la longue on peut également douter du bien-fondé du système ! Beaucoup de sujets, eux aussi, suppléent les premières danseuses, voire les étoiles... On peut très bien accumuler les rôles mais sans le titre ni la rétribution qui vont de pair. Alors qui ose encore prétendre qu'il ne règne aucune injustice ?

Dans la troupe, beaucoup commencent et terminent quadrilles. Cela signifie que pendant leur parcours dans la maison, lequel représente une vie à part entière, elles (et plus rarement ils) ne connaissent aucun avancement. En général, lorsque les danseuses prennent conscience que les perspectives sont bouchées ou qu'elles sont condamnées à plafonner, elles partent.

Certaines restent : ou bien affronter un changement professionnel leur paraît insurmontable, ou elles sont en définitive plus solides que la moyenne et possèdent une capacité insoupçonnée de pouvoir tout encaisser. Et elles permettent ainsi à la direction de s'assurer des remplaçantes d'un haut niveau à moindres frais.

Moi, j'ai tenu le coup seize ans. Avec le sourire et un certain détachement. « Ils » peuvent me dire ce qu'ils veulent, je m'en contrefiche. Je fais mon travail, je vais prendre mes cours, suivre les répétitions, assurer lors des représentations. Et je me paye çà et là une belle pelade ou autres troubles psychosomatiques.

Je ne sais pas pourquoi, d'un coup, ils ont voulu me démolir. Je suppose que j'ai été l'objet de dénonciations. Quoi qu'il en soit, j'ai survécu.

Les dernières années, quand ils menaceront de me convoquer, je leur dirai « oui, oui » sans entrer dans leur jeu. Ils ne m'atteindront plus. Mais avant de parvenir à cette sérénité, il va me falloir encore des lustres. Et je vais réaliser que ce que l'on endure à l'école de danse n'est rien en comparaison des affres encourues dans la compagnie.

– 7 –

# CHACUN À SA PLACE POUR UNE MEILLEURE DISTRIBUTION

Hiérarchie quand tu nous tiens ! Hormis toutes les personnes, les cheftaines et chefaillons déjà décrits, il y a les histoires des régisseurs (assignés à régler par définition des problèmes de logistique ou d'ordre technique) et des répétiteurs (en charge de faire apprendre la chorégraphie d'un ballet à la troupe). Piliers de l'ombre, indispensables pour soutenir l'édifice, ils rejoignent parfois les généraux du peloton de tête, abrégés dans ces pages par un « ils ».

Théoriquement, voilà ce qui se passe : le maître de ballet est au-dessus du répétiteur. Lorsqu'un chorégraphe entre en jeu, ce maître de ballet et ses sous-fifres se tiennent à carreau. Théoriquement...

Il n'empêche que, faisant fi de ces chorégraphes et maîtres de ballet, ces régisseurs se mêlent des distributions à leur place. Cela signifie donc qu'on est également dépendant(e)s de personnes extérieures par leur fonction au contexte artistique... Déjà que les danseurs dépendent des humeurs des uns et des autres à l'intérieur du ballet... Cette particularité supplémentaire n'arrange pas leurs affaires.

En accord avec le directeur de la danse et les personnes citées précédemment, les maîtres de ballet devraient donc composer la plupart des distributions. De fait ils ressortent l'ancienne distribution, retrouvent les noms, ajoutent des personnes à la place des absents... Mais au final chacun, à un moment et dans l'échelle de la hiérarchie, désire s'en mêler et met son grain de sel pour nous mouvoir – nous, les pions – à sa guise.

Aujourd'hui beaucoup de répétiteurs proposent aux danseurs d'apprendre leur rôle à l'aide d'un support visuel. On arrive dans la salle et l'intervenant dit :

– Suivez la vidéo !

Cet individu, souvent ancienne danseuse ou ancien danseur, doit en principe diriger la répétition, faire travailler les mouvements, revoir la chorégraphie des ballets et définir les places de chacun. Mais, en réalité, il colle ses interlocuteurs devant une télévision ! Il ne capte rien de la magie du ballet en question. Les danseurs lui demandent des trucs. Il ne sait rien. Sans cesse il se réfère à son outil dit de pédagogie qui lui évite en fait de se positionner.

– Attendez, répète-t-il, on va regarder l'écran.

Certes, le métier de répétiteur est ingrat. Dans la maison ou ailleurs, le répétiteur n'est pas respecté. Mais il faut avouer qu'il ne fait rien pour l'être.

Cela dit, si le répétiteur fait mine de coopérer, ses supérieurs le coupent dans son élan. On n'en sort pas !

Un jour, dans un ballet, une répétitrice remonte mathématiquement toutes les figures. C'est hallucinant ! En deux jours elle recompose une valse et le parcours d'une quinzaine de couples sur scène. Personne ne va la remercier pour le travail accompli. Alors pourquoi se fatiguer ?

À quelque place que l'on se trouve dans l'organigramme, personne ne motive personne. Une fois que quelqu'un atteint une distinction, il se repaît de son petit pouvoir. Partout, à tous les postes, même schéma.

Une fois nommé, chacun en profite. Cela se manifeste verbalement. Pas forcément par des insultes. Plutôt par une attitude condescendante ou des réflexions bien senties :

– Tais-toi ! C'est ce que tu as de mieux à faire !

Se taire... Ne pas faire « braire »... Accepter les excès des névrosés omniprésents. On devrait nous décerner la palme du silence ou celle de la soumission...

Nul ne bouge, dans ce microcosme. Les personnes en poste ne tournent pas assez. Ce sont toujours les mêmes qui dirigent. Trente ans après, quand certains anciens reviennent, ils reconnaissent les fossiles déjà en place de leur temps. Idem pour les étiquettes. Quand on en a une, elle colle à la peau. Impossible de s'en défaire. On vit en circuit fermé.

Nombre d'hommes dans le métier de la danse sont homosexuels. C'est de notoriété publique. De fait certains membres de la maison, des quadrilles aux danseurs étoiles, des professeurs aux maîtres de ballet et des administrateurs aux employés divers, ont un goût affiché pour les amitiés particulières.

Pour ma part, j'en ai fréquenté beaucoup car je les apprécie pour leur humour, leur dérision mais aussi pour l'affection, la complicité dont ils témoignent envers les femmes qui leur sont proches. Il n'empêche qu'ils représentent un lobby très particulier à l'Opéra.

Ici les garçons sont beaucoup plus préservés, protégés et défendus que les filles. Par rapport à d'autres entreprises ou à d'autres environnements, c'est pour eux beaucoup plus facile. Il y a tout un jeu de séduction qui leur facilite la tâche. Même dans une relation chaste, certains professeurs ou maîtres de ballet vont se délecter en regardant l'objet de leur désir parce qu'ils le trouvent beau et que cette joliesse va au moins les satisfaire sur un plan esthétique. À défaut de passion partagée, cela va suffire à leur bonheur. Alors que les filles, ils vont les apprécier par rapport à leur travail uniquement, peut-être par rapport à leur physique, parce qu'ils aiment également les corps un peu androgynes, mais dans la majorité des cas cela n'entre guère en jeu. Une certaine préférence déclarée est de mise...

En outre, en raison d'un mélange de rancœurs, de frustrations, de jalousies, certains de ces hommes ont un passif envers les femmes. Sans vouloir faire du mauvais esprit ou de la psychologie bon marché, on pourrait dire qu'il y a une sorte de perversité homosexuelle. En effet, si certains homosexuels peuvent devenir des amis de rêve pour les femmes, d'autres peuvent être de vraies ordures, comme s'ils avaient un ressentiment endémique, latent, à l'égard du sexe féminin. Leur délire, leur mégalomanie et leur génie riment parfois avec misogynie.

En ce qui concerne la promotion canapé, c'est relativement clair : pour se faire bien considérer, mieux vaut coucher avec un danseur étoile, ça aide. Ou alors avec quelqu'un d'important, quel qu'il soit. C'est aussi valable pour les filles que pour les garçons, à condition que le personnage en question ait du goût pour les femmes, ce qui arrive plus souvent qu'on ne croit.

L'un de mes copains m'a expliqué qu'à son entrée dans le ballet – il devait avoir dix-sept ans – il fut confronté à de vieilles « folles » en fin de parcours... Elles lui ont suggéré de passer dans leur loge afin de faire plus ample connaissance. Ainsi, elles pourraient intervenir en sa faveur, lui obtenir une meilleure distribution et certaines facilités... Il ne l'a jamais fait. Il a réussi à s'en sortir malgré tout, mais il est conscient d'avoir eu plus de mal qu'un autre.

Mais beaucoup moins de mal que n'importe quelle fille...

Quand on regarde le répertoire classique, le travail de demi-pointes et de pointes exigé des danseuses, on réalise la subtilité de ce qui leur est demandé et la complexité des rôles féminins. Sans les femmes, *Le Lac des cygnes*, *La Belle au bois dormant* et nombre de grands spectacles n'existeraient pas.

De fait, par principe, les garçons sont là pour mettre en valeur les filles. Seulement, depuis Noureev, beaucoup de danses, genre les adages qui mettaient en scène un homme et une femme, s'exécutent de plus en plus entre garçons. Dans les *Polonaises* idem... Il n'est plus rare de voir des couples de mignons, vêtus de teintes pastel, se donner la réplique dans un pas de deux.

Il arrive parfois aussi qu'en affublant la gent masculine de collants dorés et de coiffes ou de perruques à la Louis XIV, le mauvais goût produise le résultat inverse de l'effet escompté.

Parfois aussi, chouchou d'un supérieur quelconque, un danseur ridiculise sa partenaire. Je me souviens d'un remplacement que j'ai fait dans *Casse-Noisette*...

Me voici de nouveau, pour la millième fois, invitée à me lancer dans *La Valse des fleurs*.

Pour la circonstance, la chorégraphie exige une entrée avec un « manège », c'est-à-dire un mouvement en rond, entre une fille et son partenaire. Le garçon tient la fille par la taille, il est derrière elle et lui fait faire tout un cercle en traversant la scène – immense – du palais Garnier sur les pointes. Quand la danseuse arrive au terme de l'exercice, elle ne peut plus bouger les pieds tellement elle a mal. Ce n'est plus un exploit mais une épreuve !

Cette fois-là, j'ignore encore pourquoi, « on » me distribue avec un danseur qui mesure une tête de moins que moi. Nous formons un couple grotesque. Toute la troupe se moque de moi, c'est aberrant, une grande avec un petit ! Chacun y va de son gloussement...

De la salle, on ne voit même pas mon partenaire. Je le masque totalement. On dirait que je danse seule. Mais nos responsables n'en démordent pas : je suis obligée de faire le spectacle avec ce garçon.

Comme les autres, dès qu'une distribution est affichée sur le tableau de service, je me précipite pour voir qui fait quoi. Chacun(e) se bouscule pour lire son nom. S'élèvent rapidement un murmure, des grognes, un charivari indistinct de plaintes.

– Pourquoi je ne fais pas ça ?

– Pourquoi je fais ci...

– Pourquoi suis-je remplaçante ?

Pourquoi ? Pourquoi ? Pourquoi ?

À deux reprises, je monte dans les bureaux pour protester et demander quelles sont les raisons de ma non-attribution à tel rôle, mais en règle générale la soumission écrase la révolte.

Certaines copines partent remplir des contrats extérieurs, des « extras ». Pour ma part j'en fais peu. Un ou deux, à l'occasion. À chaque fois j'assure, cela se passe bien. Néanmoins on n'est jamais sûr(e) d'avoir l'autorisation de la maison ; à un quart d'heure près, ils peuvent refuser. Et il est toujours exténuant de rester dans l'expectative.

Là encore, la hiérarchie joue. Les étoiles ont plus de facilité à obtenir des permissions. Quand on est petit soldat, « y a plus qu'à »... On doit obéir et accepter.

En outre, quarante-cinq nanas attendent comme moi de faire un remplacement. Si je ne suis pas là, c'est certain, l'une d'elles peut prendre ma place. Je ne me sens pas encore prête à dédaigner cette éventualité. Je ne vis que dans l'espoir de monter sur scène, pas n'importe laquelle, celle de Garnier. Même celle de Bastille ne m'émeut pas à ce point...

Et je me consume dans l'attente.

Quand un chorégraphe extérieur à la maison est engagé pour monter une création, l'Opéra donne à cet artiste une vingtaine de danseurs en *éliminatoires.* La tension grimpe immédiatement de plusieurs crans. Selon le chorégraphe en question, les danseurs s'affrontent dans un combat sans merci.

Imaginez que Béjart, Killian ou Robbins arrivent... On leur soumet une liste des bons éléments. Ce chorégraphe choisit ses étoiles et sélectionne les gens qu'il veut comme solistes. Ensuite l'Opéra lui propose de tester une troupe de danseurs. Comme dans une audition, on peut être celle ou celui qu'on retient ou qu'on élimine. Enfin, il en garde une brochette. Chic ! On fait partie du nombre... *Allegria !*

L'artiste commence à travailler sa chorégraphie. Il nous fait répéter six heures par jour. On se donne, on y croit ! Nous dansons comme des anges, avec les ailes qui vont avec.

Trois semaines plus tard, au moment où nous intégrons bien le ballet, l'administration arrive... La directrice ou un autre « gradé » intervient et chuchote dans l'oreille du maître de cérémonie :

– Untel, tu veux vraiment le mettre là ? Non !

Le chorégraphe change donc sa distribution : il remplace quadrille et coryphée par des sujets. Depuis trois semaines nous sommes en train de travailler sur un rôle, sur une place, mais qu'importe. On nous sucre. Même quand nous nous débrouillons bien ! Ils voudraient nous démotiver qu'ils ne s'y prendraient pas autrement...

Jusqu'à la première, personne n'est jamais à l'abri de ce genre de mesure. N'est-ce pas dépasser les bornes ?

– Pourquoi me retirez-vous ? a-t-on envie de crier...

Mais on se tait. Oui, on se tait et on en meurt. Notre attribution à un rôle n'est jamais acquise. Et cette insécurité agresse l'âme. Dans la maison, tout peut toujours changer. Rien n'est jamais définitif. Paisible. *« Secure. »* Nous perdons toute notion de satisfaction personnelle. Nous ne réagissons plus qu'en fonction de leurs réactions. Ils ne nous reconnaissent que si nous avons fait un remplacement complètement génial de dernière heure. Et encore, pas toujours. Dès lors nous restons dans un état de dépendance inacceptable.

Si nous décrochons un rôle de soliste, nous allons d'abord danser pour eux, pour leur plaisir et faire passer leur contentement avant celui du public.

C'est n'importe quoi !

Ce réflexe ne date pas d'hier. À l'époque où je suis arrivée dans le ballet, du temps d'Ivanoff, c'était déjà pareil. Moi, j'ai appris à me bouger en fixant les coulisses.

D'après mes échos, aujourd'hui, le phénomène s'est encore amplifié. Avant les premières, aux répétitions, aux pré-générales et aux générales, certains dirigeants, au bord de l'hystérie, ne cessent de houspiller les danseurs sans se soucier du moindre respect humain.

Dernièrement, une copine m'a rapporté cette scène. Au cours d'une répétition, le maître de ballet veut faire une correction sur la prestation d'une fille ; il l'appelle (elle se change dans la coulisse). Furieux de ne pas la distinguer dans la pénombre, il lui assène une terrible diatribe qui sème un vent de terreur sur le plateau :

– Durand, t'es pas à ta place, qu'est-ce que tu fous ?

De la coulisse, elle dit :

– Ce n'est pas à moi de danser, ce n'est pas mon tour.

Sans se démonter ou faire mine de s'excuser, il poursuit :

– Ferme-là ! De toute manière, ce sera pour la prochaine fois ! Tiens-le toi pour dit. Continue de faire gaffe...

Tout est ainsi, gratuit, stérile, débile, humiliant. À longueur de temps. Ils nous parlent mal, trop mal. Il faudrait les arrêter, leur faire changer de langage. Mais comment ? Personne ne se soutient, dans ce milieu. Et si l'on se défend perce immédiatement une menace de sanction, le fatidique : « Je ne te distribue plus. » Il n'y a rien à faire.

Le sort d'une remplaçante est simple ; il se résume au fait qu'elle reste six heures sagement assise à attendre de prendre la place d'une autre. Pour garder son niveau, elle a la possibilité de participer à des cours. Sinon, les non-motivées oublient même ces séances d'entraînement et s'étiolent.

Quand la chance tourne c'est super, on danse, mais inutile de trop se réjouir : ça ne dure pas longtemps ; le ballet d'après, on réintègre le point zéro. C'est un cercle vicieux. En fait, il faut résister. Mais là encore, comment ?

En ne se laissant pas démotiver, non seulement par rapport à eux ou au travail qu'ils proposent, mais surtout par rapport à soi-même et à sa vie... Cela peut paraître insignifiant comme moyen de lutter mais c'est mieux que de s'effondrer. On ne fait pas que nous démotiver, on nous *dépossède.*

On nous donne quelque chose, un job – que dis-je – un espoir, puis on nous l'enlève au bout d'un certain laps de temps. On nous fait croire à un rêve et on nous l'ôte... Pourquoi ?

Sous prétexte qu'ils détiennent un pouvoir, ils se livrent à une sorte de chantage. C'est la politique du « si tu m'accordes ça, je te donne ça ». Ils marchent au renvoi d'ascenseur. C'est d'autant plus abject que les laissés-pour-compte, les brimés et les sanctionnés n'osent pas protester. Pour ma part, je ne vais m'autoriser à crier au scandale qu'en rédigeant ce livre. Je ne l'ai jamais fait avant...

Sibyllins ou lapidaires, ils font la loi et imposent leur loi. En face d'eux, le corps de ballet constitue une masse prolétarienne, un magma informe de figurants spécialisés – sans doute – mais le plus souvent méprisés. Sans compter qu'il faut se dépêcher de s'affirmer. Ici, c'est pire qu'au harem. La jeunesse importe beaucoup dans cette carrière. La troupe considère les filles de vingt-sept ans pratiquement comme des vieilles.

Au bout de six ans, si un danseur ne monte pas, c'est fini. Mis à part certaines personnes restées huit ans dans une classe qui, soudain, sont catapultées au sommet grâce à un changement de direction, dès qu'un élément stagne dans une classe c'est mauvais signe. Inutile de préciser le traitement auquel on a droit quand on doit en plus passer l'examen de contrôle qui, avec le recul, m'apparaît comme un conseil de discipline...

Pour ma part, j'ai vérifié le changement de comportement de certains, suite au premier blâme évoqué au chapitre précédent. De toute façon, dans notre métier, peu d'amitiés sont fiables voire désintéressées. On dîne avec toi un soir et le lendemain on t'ignore. D'aucuns disent qu'il n'est pas nécessaire de coucher. Certes ! Pourtant si tu sors avec un danseur étoile réputé, sa renommée rejaillit illico sur toi. Tu appartiens soudain au cercle très privilégié de l'élite, tu approches de l'Olympe...

Mais si tu es sur la touche, gare à toi. Dans d'autres professions, on parle de mise au placard. À l'Opéra aussi, c'est un peu ça. Moult dirigeants considèrent que mes copines et moi faisons désormais partie des meubles. Parfois, lors d'importantes distributions ou de grosses catastrophes, ils font appel à nous. Mais nous le savons : nous ne monterons plus, nous ne sortirons pas du lot.

## – 8 –

# LES TOURNÉES JUSQU'AU BOUT DU MONDE

De mes échappées belles aux confins de la muraille de Chine ou de mon séjour en Corée, lorsque je prends conscience que je reproduis dans ma vie privée le même schéma de victime que dans mon boulot, je ne raconterai rien. Ou presque.

Au gré de ses allées et venues, ma vie sentimentale évolue. Je romps avec Alain, un architecte. Plus tard je vis avec Bruno, un danseur de la troupe, un *Hussard sur le toit* plus latino que l'original mais aussi malheureux que moi. Constamment je dois l'épauler pour qu'il ne sombre pas dans l'alcool. Le droit au bonheur ne s'octroie pas facilement, surtout quand on n'a pas l'habitude de se le voir concéder.

Deux ans plus tard, j'amorce une nouvelle séparation. Je partage alors un appartement avec Tina, une amie hôtesse de l'air. J'aspire à un changement, seulement j'ignore encore lequel.

Après le premier contrôle, plus rien n'est pareil. Je m'en rends compte a posteriori. Dès lors, une blessure demeure en moi sans pouvoir cicatriser. Je ne peux me résoudre à le reconnaître. Cela dessinerait la fin de mon rêve, la limite de mon idéal. Coûte que coûte je m'acharne à perpétuer les chimères indispensables à ma survie.

Et si je veux parler des tournées ce n'est pas pour m'extasier devant la beauté des paysages, mais parce que ces étapes vont marquer une évolution dans ma démarche.

Flash-back sur un fiasco. À l'époque, en 1992, j'ai vingt-quatre ans. Les jours qui ont suivi ce fameux concours de promotion où « ils » m'ont tant passé la pommade sans me récompenser, je ressens de la haine. Je n'ai plus de visage tellement j'ai pleuré. Complètement défigurée, je me morfonds en broyant du noir.

Bientôt on m'annonce que je dois préparer mes bagages : je suis sélectionnée pour une tournée à destination de Marseille. Cela ne me fait ni chaud ni froid. Toujours la haine au ventre, je continue de bougonner. Et à les détester. J'aurais préféré qu'ils ne me disent rien. Surtout pas de compliments. Cela aurait évité que je m'invente de faux espoirs. Et je ressasse, dans un état limite. À tel point que je ne veux même pas partir en déplacement...

Les copines interviennent, chassent ma dépression, et

je me retrouve sur la Canebière, face à la grande bleue. Le soir, il est prévu de danser *Giselle*. Recroquevillée dans un coin des coulisses, peu de temps avant le spectacle, alors que je ronchonne encore sur l'inutilité de travailler, je croise Régis Glass qui me dit :

– Tu sais, ta variation au concours, c'était vraiment très bien.

Quel sadique ! Je ne lui demande rien. J'essaie de digérer l'humiliation et voilà qu'il me la ressert ! Je suis tellement estomaquée que je ne trouve rien à lui répondre. Je pourrais au moins exiger qu'il me rende des comptes, qu'il m'explique pourquoi j'ai été traitée ainsi. Non, je reste muette. Comme les autres carpes du vivier de l'Opéra. Sans aucune force pour argumenter. Juste la rage pour ne pas pleurer. Trop peinée ou trop apeurée pour connaître les dessous de l'affaire, je me statufie.

Sans s'apercevoir des tempêtes qu'il déchaîne, le mécréant poursuit :

– Pour te récompenser de ta performance, je vais te prendre en alternance dans *Giselle*. Tu danseras la valse, à tour de rôle, avec une autre.

Le mufle. Quelle aubaine ! Il me prend vraiment pour une SDF ou quoi ? Je ne quémande pas la charité, m'sieur-dame. Profondément écœurée, je me détourne en m'abstenant de toute réaction mais je n'en pense pas moins.

À l'instar de Carmen, j'aimerais chanter « Si tu ne m'aimes pas, prends garde à toi... » et hurler ses quatre vérités à mon tortionnaire de prédilection. Entre toi et moi, Régis, c'est l'amour vache. Dommage que le ruminant l'emporte ! Dis-moi un peu moins que tu m'adores et rends-moi la vie plus facile... Abrège, propose-moi plutôt une amitié sans épines !

Mais mes incantations imaginaires demeurent sans résultat. Il en rajoute. Toujours. Même en répétition... Parfois ça lui prend, il s'interrompt, me regarde et m'avoue, devant tout le monde :

– Que tu es belle ! Tu sais, je t'aime bien.

Tout ça rien que pour moi. À croire que je profite d'un régime de faveur...

Pestant toujours contre l'injustice, la colère gronde en moi. Je ne sais quelle parade fomenter pour échapper à sa mainmise et à l'emprise de ces handicapés du relationnel, mais je promets de la trouver.

Un peu plus tard, à Mulhouse, dans l'est de la France, nous répétons pour mettre sur pied une soirée de trois ballets. Distribuée pour interpréter *Sérénade*, un ballet de Balanchine dans un camaïeu de costumes bleus, je me réjouis de cette aubaine.

Arrive le soir de la représentation. Je danse dans le premier ballet. Pendant ce temps-là, en coulisse, la fille qui doit interpréter le suivant se fait une entorse. Alors que je termine ma prestation et sors du plateau, je sens une curieuse émulation. Soudain les responsables se précipitent sur moi :

– Unetelle s'est fait mal, il faut que tu la remplaces dans *Thèmes et variations*. Dépêche-toi...

Grosse panique ! La chorégraphie en question représente un exercice difficile. En regagnant les loges au pas de course, je dégrafe mon costume et me raisonne. Mais déjà Glass est sur mes talons et me met la pression.

– Vite ! Change-toi vite !

Aucune répétition. Rien. En cinq minutes j'apprends les pas. Presque sur place. Comme j'ai coutume de le faire. Sur quelques centimètres carrés. J'enregistre toutes les figures. Mais déjà c'est mon tour. On m'appelle. Il faut que je fasse vite.

Les yeux fermés, je respire à fond et m'élance sur scène. À l'aveugle. Je plonge dans le vide. Je m'exécute et ne fais aucune faute de parcours. « Ils » ne peuvent rien me dire. Je présente un travail léché. Aussi impeccable que mes partenaires. Mais sans leur travail de préparation.

À la fin du spectacle, « ils » défilent tous pour me congratuler. Derrière leur mine goguenarde, je perçois une petite raillerie. En fait, dans ce ballet, il y a un passage où la danseuse fait beaucoup de *petits piétinés* sur pointes. Sans répétitions et « plantureuse » comme je le suis selon eux, je devine qu'ils m'ont comparée à un canard.

Pour une fois, néanmoins, ils jouent la courtoisie. Sans allusions directes. Pas franchement dithyrambiques, juste avec une pointe d'hésitation et un rictus retenu pour me filer une once de soupçon. Cela suffit pourtant à me glacer l'enthousiasme et à réveiller ma paranoïa... Cependant les apparences sont sauves. Même la directrice vient me faire ses éloges. Et, d'un hochement de tête, je les remercie de ces effusions.

Intérieurement, pourtant, je me moque de leurs louanges. À cause d'eux, je m'en suis déjà pris tellement plein la tête. Ils peuvent bien penser ce qu'ils veulent. Je m'en fiche ! Qu'ils me passent de la pommade ou qu'ils m'assaisonnent, j'ai atteint mon seuil ultime de tolérance. Même les compliments sincères, je n'y crois plus. C'est trop tard. Et surtout c'est inutile. Après tout, ce n'est pas parce qu'ils m'encensent qu'ils vont me faire monter au concours. Donc que chacun reste sur ses positions et me laisse dorénavant tranquille. Je n'en demande pas plus.

Après avoir tant espéré être reconnue, bien distribuée, classée, nominée coryphée, etc., je sais désormais qu'aucune carrière exceptionnelle ne m'attend. Ce n'est pas parce que je peux enchaîner trois ballets à la suite ou supporter un nombre incalculable de répétitions que cela changera quelque chose. La meilleure distinction que je peux recevoir d'eux, c'est de me faire presser le citron... Ils n'usent de gentillesse que dans ce but : obtenir le meilleur des uns et des autres afin de promouvoir le rayonnement sans cesse plus chatoyant de l'Opéra.

Sur le moment, on marche. On accepte de danser deux ballets de suite. Et même avec bonheur. Pour se surpasser. Alors on reçoit des petits remerciements sarcastiques, on ne peut plus marcher tellement on souffre des pieds et l'on dort toute la journée du lendemain pour récupérer.

Bonjour la gloire !

Une autre fois, une partie de la compagnie projette de se rendre à Bruxelles pour danser *Le Lac des cygnes*. Pour ma part je suis distribuée dans *Carmen*, représentée à Garnier... Je suis redevenue plus svelte (plus légère que quarante-huit kilos pour 1,71 m !) et je remonte un peu dans leur estime. Au dernier moment, à la veille du départ, Glass m'appelle et me dit :

– Il y a plein de malades. Je te rajoute dans *Le Lac*.

Il sait très bien que ce ballet n'a plus aucun secret pour moi.

– Comment ça ? dis-je.

– Tu vas faire *Le Lac* parce qu'on a besoin de toi.

Et nous voilà partis...

Arrivée à Bruxelles, j'ignore toujours à quel rôle il me destine... *Le Lac*, c'est vrai, je le connais par cœur, de n'importe quelle place. Comme j'ai vraiment le sens du parcours, que je comprends vite, je peux répondre à la demande.

On s'installe donc à Bruxelles. À la première répétition, Glass me fait appeler. J'arrive dans la salle côté public. Les filles sont en train de se chauffer.

– Quel côté préfères-tu ? me demande-t-il.

– Ce côté-là, dis-je, je le sais mieux que l'autre.

– Parfait !

Et sans plus attendre il désigne une nana, comme ça, dans le tas, la vire et me met à sa place. Formalité on ne peut plus banale. Personne ne s'offusque. Je monte sur le plateau. La répétition débute. On passe à autre chose, comme si de rien n'était.

À mon avis, Glass veut en fait éjecter cette fille. Il a pris l'excuse des danseuses malades pour refaire sa distribution. Mais je me garde bien d'aller lui demander ses réelles intentions. D'abord parce que ça ne se fait pas, ensuite parce que je serais stupide de me faire remarquer pour une fois que les choses tournent à mon avantage !

C'est flagrant. À n'importe quel moment, l'injustice peut basculer dans un sens comme dans l'autre. Quand on est en odeur de sainteté, on ne bronche pas. C'est la règle du jeu. Je n'y échappe pas. Moi, quand on m'écarte, personne ne vient me consoler. Alors je me conduis à l'identique. Parfois – quand c'est une fille que j'aime bien – je fais une entorse à cette règle, je vais la réconforter.

– Écoute, désolée, ce n'est pas ma faute...

Sinon je me cantonne au comportement maison. Il faut être attentionné(e), certes, mais il y a des limites. En fait je ne respecte que mes amies, celles avec lesquelles je n'entretiens pas de rapports de concurrence. Ensemble, nous évitons les ragots de l'Opéra. Nous partageons une amitié saine, dénuée de non-dits ou d'intrigues. Nous comptons les unes sur les autres. Croix de bois, croix de fer. Sans entourloupes !

Vingt ans après, nous sommes toujours comme les doigts d'une seule main. Dans ce désert semé d'embûches, c'est un luxe auquel je tiens car il va me permettre de ne jamais renoncer à un meilleur avenir...

*
**

Un jour, la maturité aidant, en 1995 environ, je décrète que je ne suis plus une petite fille. Je décide de me conduire en adulte, sans m'impliquer dans les histoires affectives de la troupe et en me préservant des projections ambiguës de certains homosexuels en mal de frissons.

Sur ces entrefaites nous nous envolons pour Buenos Aires, en Argentine. Au programme, le ballet des *Quatre Tempéraments*.

L'exception confirme la règle : je suis remarquablement bien distribuée. Pour avoir déjà interprété cette œuvre, je connais bien la chorégraphie. Je baigne dans l'euphorie. C'est super. Je découvre la capitale argentine le cœur en fête.

Avec mes trois partenaires, des filles très sympas, on se balade en ville – sur les Champs-Élysées locaux – à l'ombre des énormes jaracandas aux fleurs mauves. Tout va pour le mieux dans le meilleur des mondes. Pour une fois, j'ai l'impression que la vie me sourit.

Les répétitions s'organisent. Les cours de perfectionnement aussi. Lors de l'un d'eux, Glass – toujours lui – s'approche soudain de moi et me dit :

– Ça ne va pas aller, tu es « irregardable ». Tu ne peux pas faire le spectacle, tu es trop grosse...

Ça recommence ! De quoi me faire atterrir sans parachute et réintégrer la terre ferme. Éternellement mielleux et obséquieux, Glass m'explique :

– Il y a seulement quelques représentations à donner à Buenos Aires. Après, à Paris, on reprendra le spectacle... Si tu maigris, tu le feras à ce moment-là. Mais pour l'instant, ce n'est pas possible.

Merveilleux ! Voici l'heure des coups de bâton... Aux promesses d'un paradis sans nuages succèdent les manifestations d'un caractère pervers irrémédiablement à l'affût pour tyranniser sa proie favorite.

Je serre les dents sans presque mot dire.

– OK ! Pas de problème...

Il est 11 heures. Je termine le cours auquel j'assiste comme chaque matin puis je pars jouer les touristes. J'essaie d'oublier le planning, la répétition à 13 h 30, le spectacle du soir... Zen ! Après ma promenade, je rentre à l'hôtel.

Opération détente. Devant le poste de télévision, scotchée à des programmes de variétés en espagnol, je me cramponne à la télécommande. Je tiens bon. Pour la première fois de ma vie, je loupe une séance de répétition ! Soudain, le téléphone sonne. Je décroche. Un répétiteur me hurle à travers le combiné :

– Qu'est-ce que tu fabriques ?

– Je me relaxe...

– Tu ne sais pas qu'on répète ?

– Non, dis-je, j'ai discuté avec Régis. Comme je suis censée ne plus faire le ballet, il ne me semble pas utile de venir.

– On n'est pas au courant...

– Eh bien maintenant vous l'êtes.

Cinq minutes après, le répétiteur me rappelle pour me dire que Glass souhaite me voir sur-le-champ. Sans me démonter, je quitte l'hôtel et me rends au théâtre. Sur place, je rejoins le maître de ballet dans la salle de spectacle et lui explique :

– Je n'assiste pas à cette répétition parce que je suis trop grosse. Donc je juge inutile d'être de nouveau la cible de ta mauvaise humeur et de tes humiliations. Si tu veux que je maigrisse, je vais faire un régime. Je serai prête pour Paris. Mais là il est 2 heures de l'après-midi et je ne peux décemment pas perdre cinq kilos d'ici 7 heures ! Comme tu me l'as dit, je ne fais pas le ballet... Alors je me retire.

Je n'ai jamais autant parlé. Glass me regarde, ahuri, et bafouille :

– Mais ma chérie, je ne t'ai jamais dit ça, monte vite sur scène !

Je lui réponds :

– Non, je ne le ferai pas.

– Mais je ne comprends pas, Élise, reste !

– Désolée, pas cette fois...

Trop heureuse d'avoir démonté le procédé dans lequel il me tenait enfermée, je n'en démords pas. En adoptant le sens inverse de ses tergiversations, je le coince. Je joue à plus bête que lui.

Finalement il prend Sandra, une jolie fille qui va bientôt connaître un très curieux parcours. La tournée se déroule bien. La fin du séjour se passe sans incident majeur.

Sauf que, à son retour en France, traumatisée par la cause de ma disgrâce de Buenos Aires, Sandra va s'épuiser en régimes, au risque d'y laisser sa santé, et quitter l'Opéra quelques années plus tard.

En ce qui me concerne, Buenos Aires a représenté un sérieux tournant. Comme si ma rébellion m'avait fait sortir de mon carcan. J'avais de quoi me révolter, en effet. Dans le ballet des *Quatre Tempéraments*, je me suis toujours sentie à l'aise. Je n'enchaîne pas machinalement les mouvements. Bien au contraire, en proie à un vertige

– ce fameux déclic, cet état de grâce dont j'ai déjà parlé et qui transforme une artiste en une héritière des dieux –, je m'éclate !

Seulement cette claque de Buenos Aires que je n'ai pas acceptée et cette prise de position ont été suffisamment inhabituelles pour être relatées. Dès lors je me surprends encore plus, de retour à Paris, quand les représentations du ballet reprennent et que je réintègre ma place. D'office. Sans en demander l'autorisation à qui que ce soit. D'autorité je reviens, et personne ne s'y oppose. J'en suis arrivée à un point où c'est moi qui décide. Et advienne que pourra !

Si j'avais su. Quel temps j'aurais gagné et quelles vexations je me serais épargnées. Pauvre ignorante... Mais il a fallu qu'un dictateur de pacotille abuse une fois de trop de son pouvoir et me prive d'un ballet auquel je tenais vraiment pour que je réagisse enfin et que je sorte de ma réserve maladive...

Merci, Régis ! Grâce à toi, j'ai grandi...

– 9 –

# PLUS JAMAIS ÇA !

Trouver des souffre-douleur dans une compagnie de cent cinquante danseurs se révèle un exercice relativement aisé : ils sont nombreux ! Pour les opprimés, cela ne constitue qu'une mince consolation. Néanmoins, le fait de sentir que son vécu et son exclusion ne représentent pas un cas isolé procure quelque apaisement. Cela évite de sombrer encore plus loin dans la dépression, cet état où on se complaît à ressasser ses misères, à tourner et retourner ses problèmes, à définir ce qu'on croit être ou ne pas être et surtout à rester rivé(e) sur son nombril au point d'en oublier les autres.

Or les autres sont là, aussi maltraité(e)s que moi. Il suffit d'écouter certains témoignages...

À commencer par celui de mon amie Zoé.

Une enfance fabuleuse, des parents adorables. Très jeune, elle entre au Conservatoire de danse et étudie sous la férule de Claire Motte, dans un cadre équivalent de ce qu'on nomme aujourd'hui un lycée sport-études.

Après un premier prix du Conservatoire à quinze ans, la jeune fille arrive à l'école de danse de l'Opéra pour passer le concours d'admission. Mais Venturier, sans même lever la tête, la refuse. Qu'importe, Zoé persévère. Un peu plus tard elle se présente de nouveau pour une audition, mais cette fois elle vise à se faire accepter directement dans le corps de ballet. Là, on la classe première. La voilà dans le saint des saints !

Pendant les deux premières années, alors que Claire Motte officie en qualité de maître de ballet avec Glass, Zoé se trouve très bien distribuée. Hélas, Claire Motte meurt. Son collègue – une façon d'installer son pouvoir ? – décide alors de gommer ce qu'elle a fait. Il change de méthode et bannit les gentillesses. De fait, à la première occasion il se déchaîne, apostrophe violemment Zoé et lui promet d'abréger ses privilèges. Effectivement une longue mise au placard s'ensuit. Avec tous les désagréments qui vont de pair : brimades, insultes, carrière bloquée, examens de contrôle... Elle aussi a droit à la totale.

Très vite elle arrête de travailler. Devenue éternellement remplaçante, elle rejoint les rangs des nombreuses personnes qui passent leur journée assises sur un tabouret en attendant que quelqu'une se casse une jambe pour prendre sa place... Une pomme comme seul repas, histoire de garder la ligne.

Car, alors qu'elle est vraiment ravissante, les chefaillons lui suggèrent de perdre trois kilos pour pouvoir mieux l'utiliser. Je ne me répète pas : les cas de ce genre se multiplient. Zoé se lance alors dans la tournée des médecins, des diététiciens et autres charlatans qui lui prescrivent des diurétiques, des amphétamines et des hormones thyroïdiennes fort efficaces pour la sveltesse.

« Boostée » et stimulée par ces cocktails explosifs, elle court à toutes les répétitions. De 10 heures du matin jusqu'à 19 heures. Le matin suivant, elle a une pêche d'enfer. Au bout de deux ans de ce régime-là, elle parle tellement vite que ses parents ne la comprennent plus. Mais quelle importance, puisqu'elle tient la ligne !

Un jour, pourtant, elle s'effondre. Un spécialiste diagnostique un cancer de la thyroïde et lui ordonne d'arrêter ses traitements. En 1996, une opération doit être pratiquée d'urgence. Ablation d'un lobe thyroïdien. Suivi médical strict. Zoé grossit de huit kilos.

En convalescence, la jeune femme met un an avant de retrouver une silhouette acceptable pour la profession : 1,62 m pour cinquante kilos.

Dans la perspective de se faire réformer, elle se tourne alors vers un médecin, un fonctionnaire de la caisse des retraites. Cependant celui-ci refuse de prendre en compte son état de santé. En désespoir de cause, elle sollicite l'administration de l'Opéra afin d'obtenir son licenciement. Fait rarissime, elle réussit à le décrocher. Comme elle aime le dire à présent : « Il est presque plus facile d'entrer dans le ballet que d'en sortir. »

Et une fois dehors, elle ressuscite ! Très positive, toujours de bonne humeur, Zoé relate ses années de galère avec vivacité et humour.

Condamnée à prendre ad vitam des hormones pour sa thyroïde, elle a fait le vide et gommé les angoisses. Et reconstruit sa vie, tant privée que professionnelle. Elle enseigne, et a repris confiance en elle-même.

Selon elle, les dirigeants de l'Opéra parviennent tellement bien à persuader les danseurs qu'ils sont nuls que la fausseté de leurs propos n'éclate qu'une fois qu'ils sont partis.

– Avec eux, dit-elle, on n'est jamais assez bien. Ils arrivent à vous dégoûter de votre amour pour la danse. Si je m'étais conduite comme une intrigante, cela se serait mieux passé...

Les mauvais souvenirs s'estompent, les rigolades restent. Toujours en déversant les phrases au rythme d'une Kalachnikov plus ou moins bien graissée, Zoé raconte moult anecdotes. Elle se rappelle ce garçon tétanisé par la peur lors d'un concours qui, souffrant soudain d'une perte de mémoire, s'est arrêté en pleine variation.

Elle se souvient du décès d'Ivanoff, à la suite de son suicide par pendaison. Ce jour-là, Zoé arrive dans la salle de cours. Règne une ambiance lugubre.

– Que se passe-t-il ici ? demande-t-elle. On dirait que vous venez d'enterrer un cousin...

– Tu ne pourrais pas mieux dire, répond un sujet. Ivanoff nous a quittés.

– Alléluia ! ne peut s'empêcher de soupirer une autre. Nous voici sauvées.

Les filles ne se gênent plus pour y aller de leurs

commentaires personnels mais tombent toutes d'accord sur l'oraison funèbre. Ce n'est pas très charitable, certes. Seulement, à force de s'endurcir face à l'adversité, on en oublie la compassion.

Oh, bien sûr, Zoé a des souvenirs plus légers. Par exemple les bagarres entre Montaigu et Capulet (partisans verts ou rouges) jouées respectivement par elle et moi pendant les représentations de *Roméo et Juliette*, sur la musique de Prokofiev, au milieu des crinolines et des costumes de cape et d'épée.

Mais aussi le jour où, dans un opéra lyrique, les machinistes ivres morts ont balancé les garçons déguisés en oiseaux et maintenus par des câbles contre les murs plutôt que de les aider à exécuter leurs pirouettes...

Mais encore les faux pas, les sorties ratées, les fous rires.

Merci, Zoé, pour ta joie de vivre, ta résistance et ton soutien...

*
**

Question exemples, je me souviens d'Estelle, une ballerine surdouée qu'ils ont adulée. Ils l'ont montée, montée, montée... Elle a ainsi franchi nombre d'échelons et de classes.

Parvenue au rang de première danseuse, cette fille si distinguée qui souffrait *en même temps* de boulimie et d'anorexie a fini par ne plus parler à personne et à se perdre dans la rédaction de son journal intime. Un jour, elle est partie... Nul ne sait où elle en est à présent.

Entré en même temps que moi dans le ballet comme surnuméraire (avec un contrat à durée déterminée de deux ans), l'un de mes amis danseurs attend en vain sa titularisation. Pourtant – selon la loi – celle-ci aurait dû être acquise d'office au bout des deux ans contractuels, puisque son employeur le maintenait en place et en fonction. Toutefois, il reste en CDD. Même en passant (brillamment) quelques auditions pour obtenir sa titularisation, il continue d'être débouté. Mais on le garde quand même...

Au bout de sept ans, on lui annonce qu'on ne veut plus de lui. Au bout de sept ans, ils se décident enfin à régulariser sa situation... en le jetant comme un malpropre ! La danse représente toute sa vie. Que va-t-il devenir ? Nul ne s'en préoccupe. Mon ami leur a pourtant dit : « Je vais faire une connerie. » Personne n'a réagi. Il choisit alors de se suicider et il meurt à l'hôpital avant même que ses copains ne puissent intervenir...

Pourquoi cette malveillance programmée envers des êtres qui se sont donnés à fond ? Pourquoi cette malveillance qui fait tache d'huile et gagne souvent les danseurs ?

On nous veut filiformes, disponibles, souriantes, mais surtout pas heureuses hors du palais. J'en sais quelque chose, moi qui avais une vie hors les murs. Je menais une existence normale de jeune femme qui aimais sortir et s'amuser, et j'avais le tort d'afficher un certain bonheur. Cela ne se fait pas.

À l'époque, mon erreur a été de ne pas me cacher. Par rapport à mon enfance, j'éprouve le besoin de vivre cette échappatoire et de partager mes découvertes. Je ferais mieux de me taire. Un jour, deux filles montent au bureau de l'administration en disant : « Celle-là, elle ne fait que sortir, elle travaille moins, elle est moins assidue. D'ailleurs ça se voit : elle a grossi... » On me fait alors comprendre qu'il faut que j'arrête de raconter ma vie.

Je fais plus : je m'efface.

Au début, j'étais coquette. Dès 9 heures du matin, je portais des boucles d'oreilles, des tailleurs... Je dépensais sans compter dans les vêtements et divers accessoires. Pour combler un manque, c'était bon de parader avec le dernier truc à la mode. Quand on est jeune, on a besoin d'artifices.

Un an après le premier contrôle, je cesse d'être moi-même. Je veux qu'on m'oublie. Bravo : c'est réussi... Je disparais presque des listes de programmation ! Dans les couloirs, les gens m'ignorent. Je deviens carrément inexistante. Transparente.

Un peu plus tard, quand je sortirai de cette déprime, je prendrai mes précautions : je me cacherai pour sortir et me pomponner. En danseuse, je m'habillerai toujours en noir et adopterai un profil bas.

Mais, vers les vingt-huit ans, je décide de prendre ma vie en main. Après Buenos Aires, ça suffit !

En fait, il n'existe pas trente-six solutions. Soit je choisis de démissionner, soit je choisis de me défendre. Comme il me manque encore un peu de courage pour couper le cordon ombilical qui me relie à l'Opéra, j'adopte la seconde option et prends un avocat.

Celui-ci m'éclaire sur mes droits. Il me conseille d'enregistrer désormais tous les entretiens auxquels on me soumet lors des convocations-confrontations. Il me recommande encore d'arriver avec un calepin et un crayon afin de noter tout ce qu'on nous fait subir.

Un jour, alors que les responsables viennent de me convoquer, je leur demande ce qu'ils ont à me reprocher. Ils ne peuvent même pas critiquer ma ligne car, à ce moment-là, je ressemble à une sylphide. Mais cela ne les empêche pas d'avancer ce prétexte...

Suit une conversation de fous.

– Allez, dis-je, expliquez-moi ! Combien de kilos faut-il que je perde et en combien de temps ?

Ils restent cois un instant puis improvisent :

– Tu es difforme. Ça ne va pas, le physique...

– Mon physique ne vous plaît pas. Alors pourquoi m'avoir engagée ?

Et ainsi de suite, des conversations débiles, des jugements non fondés et des échanges stériles qui rendent fou. « Ils » convoquent pour faire mal, pour épuiser leurs cibles moralement. Certaines filles en font des ulcères, d'autres des dépressions, prisonnières du silence.

C'est pour cela que j'ai voulu parler. Sortir du non-dit. Crier « plus jamais ça » !

À l'instar de Michel Berger, réfugié désormais au firmament des étoiles, je me suis dit : « Résiste ! Prouve que tu existes ! »

... Et ressuscite !

– TROISIÈME PARTIE –

# RÉVÉRENCE !

*« Honneur à vous, aigles captifs, étoiles enchaînées !*
*C'est à vous d'allumer, à la flamme de votre cœur,*
*Le flambeau immortel, le flambeau jeune et sans pareil*
*De la liberté, dans le ciel de l'homme.*
*C'est là votre destin glorieux. »*

Paul ÉLUARD,
*Épigramme des poètes partisans grecs avant leur exécution*

– 1 –

# L'OPÉRA, UNE ENTREPRISE COMME UNE AUTRE ?

Pour bien montrer que mes diatribes ne relèvent ni d'une déception de carrière ni de la paranoïa, j'aimerais re-évoquer le rapport réalisé à la demande du CHSCT (Comités d'hygiène, sécurité et conditions de travail de l'Opéra), lequel passe en revue les différents corps de métier en activité à l'Opéra – Garnier et Bastille réunis – mais aussi des auteurs tels que Hirigoyen ou Leymann qui, par leurs écrits, militent pour la dignité humaine et luttent par conséquent contre la violence morale, la terreur psychologique, la perversité répétée au quotidien.

Ce rapport reprend la définition du harcèlement moral établie par l'Organisation internationale du travail (OIT) : « Le harcèlement est une souffrance infligée sur le lieu de travail de façon durable, répétitive et/ou systématique par une ou des personnes à une autre personne, par tout moyen relatif aux relations, à l'organisation, aux contenus ou aux conditions de travail, en les détournant de leur finalité, manifestant ainsi une intention consciente ou inconsciente de nuire voire de détruire. »

Ce rapport cite aussi Marie-France Hirigoyen (célèbre pour *Le Harcèlement moral*[1]) qui apporte dans son ouvrage intitulé *Malaise dans le travail* cet éclairage : « Le harcèlement moral au travail se définit comme toute conduite abusive (geste, parole, comportement, attitude...) qui porte atteinte, par sa répétition ou sa systématisation, à la dignité ou à l'intégrité psychique ou physique d'une personne, mettant en péril l'emploi de celle-ci ou dégradant le climat de travail. »

Heinz Leymann[2] adopte un terme anglo-saxon pour qualifier ces comportements : « Le concept de "*mobbing*" définit l'enchaînement, sur une assez longue période, de propos et d'agissements hostiles, exprimés par une ou plusieurs personnes envers une tierce personne (la cible). »

Que répond l'Opéra ? Dans l'un de ses discours[3], prononcé celui-là devant le Conseil d'administration du 4 avril 2002, le directeur général incrimine la mentalité des partenaires sociaux marquée par : « (...) un esprit de lutte des classes qui conduit à décrire l'employeur, c'est-à-dire le directeur et, avec lui, l'État, comme un exploiteur assoiffé de répression syndicale, d'horaires forcenés et de rentabilité stakhanoviste. »

1. *Le Harcèlement moral*, La Découverte & Syros, 1998.
2. *La Persécution au travail*, Seuil, 1996.
3. Cité toujours dans ce même rapport du CHSCT.

Pourtant une inspectrice du travail[1] au CHSCT s'insurge : « Peut-être faut-il des procès-verbaux et des poursuites pour qu'enfin l'Opéra ne soit plus une zone de non-droit. Je suis scandalisée par l'Opéra de Paris. C'est peut-être une maison prestigieuse en termes de production mais elle ne l'est certainement pas en terme de droit. »

Toutefois c'est le combat du pot de fer contre le pot de terre. Ce que nul ne peut nier, pourtant, c'est une augmentation des conflits et des pathologies dans différents départements, tels que ceux du service des costumes Bastille, de celui des perruque-maquillage Bastille et de la machinerie Garnier, sans oublier l'École de danse.

À l'Opéra comme dans n'importe quelle firme ou administration, il semble évident qu'on retrouve partout les mêmes abus. Ainsi le refus du dialogue, les mots blessants, les humiliations, les insultes, les moqueries et les modifications arbitraires des conditions de travail amènent, comme le dit encore Heinz Leymann, à des manœuvres visant notamment à discréditer la victime dans son travail, à l'isoler, à la déconsidérer, à l'empêcher de s'exprimer ou à compromettre sa santé.

Dans une situation économique en récession, le phénomène s'accentue. Cela évite parfois à certaines entre-

1. *Ibid.*

prises de licencier les employés poussés à démissionner pour échapper aux pressions incessantes.

Par ailleurs, alors que le malaise de la société prend de l'ampleur, on rencontre de plus en plus d'individus déstructurés, mal dans leur peau et instables qui compensent stress, frustration ou simplement ennui en choisissant une cible parmi leurs collègues ou leurs subalternes afin de se distraire ou de s'initier aux jeux du pouvoir. Culpabilisations, reproches, persécutions entraînent neurasthénies, maladies et usage d'antidépresseurs. Mais revenons au monde de la danse et à la fameuse école dont j'ai fait partie et si bien dessinée dans le fameux rapport : « Le pouvoir des individus réside dans la marge de liberté dont ils disposent pour agir, c'est-à-dire dans la possibilité plus ou moins grande qu'a chaque partenaire pour accepter ou refuser ce que l'autre lui demande. »

Or, on l'a vu dans ces pages, notre marge d'action dans cette école puis dans ce ballet de réputation mondiale était et est encore extrêmement réduite. Je ne reviendrai pas sur des pratiques que les spécialistes appellent les « techniques de mortification » et autres incitations aux rivalités et délations dans le « monde clos du ballet classique ». Je ne peux néanmoins m'empêcher de citer la perle des horreurs émise par un professeur pour dénoncer le mépris de l'un de ses supérieurs et qui en dit long sur ce qu'ils pensent *tous* des élèves : « La façon dont on nous parle, dit ce prof, est inacceptable : on n'est pas des chiens, ni des enfants. »

Sans commentaire...

– 2 –

# UN AN SANS SOLDE POUR CAUSE D'AMOUR

En 1995, ayant cessé toute relation avec ma mère depuis le jour de mes vingt-cinq ans, de nouveau proche de mon père heureux de ces retrouvailles et décidée à prendre ma vie en main, je partage un appartement avec Tina – mon amie hôtesse de l'air – lorsque nous décidons de louer un espace plus grand.

C'est à cette occasion que je rencontre Patrice, au physique de prince plus que charmant. Les tempes grisonnantes, l'enthousiasme à la boutonnière, toujours plein de projets à défendre, le verbe efficace et léger, il a tout pour plaire. Surtout *à moi*.

Les visites commencent et s'éternisent. Pendant six mois, lui et moi entretenons des relations amicales parsemées de quelques bouquets.

À cette époque, mon père vient me voir danser. Patrice également émet le souhait de découvrir le monde de l'opéra. Très vite il devient un spectateur assidu. Je ne sais pas encore qu'il assiste à la fin de mon parcours...

Je me souviens de la première fois où il m'a vue sur scène. C'était il y a sept ans, et j'étais de nouveau au programme de *Sérénade*, le ballet de Balanchine où les danseuses se perdent dans un océan de tulles et de costumes bleus...

Commencent les répétitions. J'adore danser du Balanchine, tellement original en comparaison de l'ordinaire du classique. Toujours fidèle à elle-même, la directrice ne manque pas de me recommander de maigrir.

Je n'ai pas attendu pour commencer un régime car je suis déjà allée admirer le costume : un justaucorps bleu ciel, avec un nuage de tulle dont la couture arrive en diagonale jusque sur l'os de la hanche. Une création merveilleuse ! Mais à moins de peser dix kilos, c'est pratiquement impossible à porter. Conclusion : à la diète !

Pourtant – en dépit des assertions de ma supérieure – à ce moment-là, je n'ai que la peau sur les os. Je me trouve même affreuse. Mais, c'est la règle du jeu, il faut encore faire un effort. Pendant un bon mois je ne mange plus, je fais cuire à l'eau les rares aliments que j'avale. J'oublie ma gourmandise légendaire, l'appétit qui va avec et les propositions gastronomiques de mon père. Alors ceinture !

Jour J de la générale. Le rideau se lève. Faisant abstraction de la panique, nous annexons le plateau pour nous enivrer de la magie du spectacle. Ce soir-là, je ne danse que pour Patrice. Pour lui je me surpasse...

Un peu plus tard dans la soirée, il me confie son émerveillement. Je suis aux anges. Je n'ose croire à l'attention qu'il me porte. D'abord je me dis qu'il est peut-être marié. Puis je pense qu'il est trop bien pour moi. Je me rabaisse encore...

Enfin, nous poussons un peu plus loin la romance. Trois semaines après le début de notre idylle, il me demande en mariage. Sans hésiter, j'accepte.

Depuis la première minute, je le sais : Patrice est l'homme de ma vie. Chaque jour je bénis le ciel de l'avoir rencontré. Grâce à lui j'aurai enfin le courage de changer de cap. Bien sûr, cela se fera progressivement.

Pour l'heure il me présente sa famille, et je lui fais connaître mon père et sa nouvelle épouse. Les deux clans s'adoptent chaleureusement. Dès lors mes deux belles-mères viennent à leur tour me soutenir lors de mes prestations à l'Opéra.

Lors de notre voyage de noces au Vietnam, je vais me réconcilier avec mes racines et renouer avec une tradition, des réflexes, des attitudes.

Dans l'aéroport, à notre arrivée, une amie de mon père nous attend avec une pancarte. Puis nous partons en scooter, à trois avec nos valises sur ce véhicule, slalomant dans les artères de la ville où je suis née.

L'atmosphère surchauffée et moite d'Hô Chi Minh-Ville, l'ex-Saigon, m'écrase. Je détonne parmi les Vietnamiens, en raison de ma taille bien plus grande que la norme et de mes attitudes européennes.

Cela dit, peu de choses me semblent changées. Cela grouille de partout. Cyclo-pousses, vélos et autres taxis essaient de tracer une piste dans la mêlée des passants. Une même misère, les odeurs des épices, les parfums des ragoûts, les vapeurs de gaz s'échappant des plaques d'égout, une ambiance, des images et surtout un sentiment intime, tout me semble extrêmement familier. Donc mien. Je suis ahurie de comprendre la langue du pays que je n'ai entendue que pendant mon enfance, dans ma famille, et que je me remets à parler avec une facilité miraculeuse...

Au hasard de nos promenades, dans la baie d'Ha-Long, une part de moi-même perdue au plus profond de mon âme se reconnecte avec le beau, l'indicible, le mystère de l'éternité.

*
**

Au retour de ce voyage, en 1998, je demande un an de congé sans solde. Très vite, bien que j'attende un enfant, j'éprouve le besoin de travailler, de faire n'importe quel job pour vérifier comment je me débrouille hors de mon contexte professionnel habituel. Tour à tour conseillère en décoration, hôtesse dans des salons, j'aide aussi mon père dans son restaurant du XV$^{e}$ arrondissement de Paris. Je découvre avec stupéfaction que, dans ces différents milieux, on me considère comme quelqu'un de bien.

En accord avec moi-même, je suis heureuse. Je me

donne ce droit. Sans plus aucune envie de subir, je commence à savoir ce dont j'ai envie, j'entrevois à quoi j'aspire. Les gens qui m'ennuient ou me bousculent, je les évite. Et j'essaie de créer d'autres relations en dehors du milieu du spectacle, désormais trop artificiel pour moi.

L'existence me paraît simple, reposante, paisible. Même « très » enceinte, je déborde d'énergie. Le ventre rond, je poursuis mes activités. Après le déjeuner où je m'applique à servir aux clients le nectar de nos spécialités vietnamiennes, je passe mes loisirs à jouer avec les étoffes, à décorer notre *sweet home*, et je m'essaie non sans un certain succès à la calligraphie sur tissu : sur un fond grège, je reproduis à l'encre de Chine des idéogrammes, tous symboles de vie et d'espérance.

Le 27 avril 1999, une fois maman d'une ravissante Perle, je songe sérieusement à me faire réformer.

Pour la dernière année sans doute, je reprends du service à l'Opéra, un jour de souffrance après l'autre. Les démarches avant d'obtenir gain de cause et faire reconnaître ma scoliose vont être longues.

Le 22 janvier 2001 je donne naissance à Tom, un adorable garçon. Avec mes enfants, j'apprends à conjuguer le quotidien au rythme de la joie. Ils me guérissent de mon inaptitude au bonheur.

M'astreignant à ne jamais reproduire les extravagances maternelles dont je fus témoin, je tente d'établir une harmonie pleine de rires mais aussi de hurlements et de caprices sans que cela prête à conséquence. Sans doute approchons-nous ensemble d'une certaine légèreté de l'être, une composante du bien-être, une totale inconnue pour moi.

Depuis la fin de l'année 2000, je ne me présente plus que très rarement au ballet, mais je ne suis légalement déliée de mon contrat et de mes obligations professionnelles qu'en 2001.

Libérée des entraves, des sanctions, des pressions et des contraintes après plus de vingt ans de service, je retrouve la vraie vie et, grâce à ma famille, je trouve mes repères. Toujours très occupée, je ne m'ennuie jamais. J'adore sortir. Mes copines viennent me voir pour bavarder. D'emblée j'emmène mes enfants partout car ils aiment voir « du monde ». S'ensuivent de grandes vacances où nous partons en tribu, à dix-sept personnes, dans une villa de location...

Apprécier le bonheur constitue une tâche plus ardue qu'on ne peut le penser. Je prends conscience de beaucoup de choses occultées que j'avais mises de côté en me répétant : « Ce n'est pas grave, ça va passer. » Mais j'ai du mal à parler de mon calvaire. J'ai trop peur qu'on ne me croie pas, que l'on me considère comme « braque ». Je m'enferre dans la crainte du jugement des autres et trouve refuge dans le silence. L'imperméabilité statique.

Finalement, j'avance dans l'incertitude. De longues années je me suis identifiée à une Occidentale, mais je n'en avais que l'apparence. Inconsciemment les gènes de mon peuple vietnamien se sont emparés de moi pour me faire sublimer mon existence dans la souffrance du corps.

Non sans un certain masochisme, j'ai gagné mes lettres de noblesse dans la douleur. Or, aujourd'hui, je m'aperçois que j'ai adopté autrefois un visage sur lequel j'ai collé plusieurs masques. Celui de la gaieté, de la désinvolture, de l'indifférence. Les uns après les autres, je les arrache. Que reste-t-il ?

Des yeux immuables. Une face de lune. Lisse. Bien polie. Si impénétrable que, même moi, je ne parviens pas à pénétrer son mystère ou plus simplement son mode d'emploi.

Un jour, au hasard d'une conversation devant une tasse de thé, une amie m'a demandé de façon très anodine, sur un ton badin :

– Mais enfin, Élise, qui es-tu ?

Balayés le savoir-vivre, la politesse, l'immuabilité, l'indolence voire la somnolence. Reste le néant. Qui suis-je ? Dans l'incapacité de répondre, j'éclate en sanglots. Soudain une violence me soulève. Arrivent la haine, les non-dits jamais exprimés, jamais tolérés ni extériorisés.

Mes larmes séchées, je retrouve ma physionomie au sourire en forme de caresse. Mais là, tapie au creux de mon ventre, la louve avide de justice rôde, cherchant un biais pour sortir du mutisme. Ça me fait un drôle d'effet.

Je ne sais pas encore que je vais écrire...

– 3 –

## UNE VIE APRÈS L'OPÉRA

En 1999, pendant cette année sans solde, en exerçant plusieurs petits métiers, j'ai fait une découverte d'importance : je ne suis pas *une merde*. C'est un peu cru mais ce n'en est pas moins vrai. Pourtant il ne suffit pas de le savoir, encore faut-il pouvoir l'affirmer et se conduire en conséquence. Pour y parvenir, je dois aussi me déconditionner de la mauvaise image que l'on m'a donnée de moi.

Le mariage et mes enfants m'y aident. Même un danseur étoile a dit : « J'ai pris du poids sur scène depuis que je suis père. » Si j'ai abandonné les feux de la rampe, j'aspire à d'autres aventures professionnelles au royaume de la danse. Et cette phrase-là demeure toujours d'actualité pour moi. Quel que soit le contexte, la maternité ou la paternité apporte plus d'assise et de sérénité et mène à un aboutissement, une part de douceur que nul ne peut vous prendre.

*
**

Dans le ballet, quand certaines danseuses avaient raccroché leurs chaussons et revenaient nous voir, invariablement – avec un certain dédain – je leur demandais :

– Et tu fais quoi, maintenant ?

Lorsqu'elles me répondaient qu'elles donnaient des cours, je trouvais qu'elles se fourvoyaient.

Je vais changer d'avis. Au début de ma « liberté », pourtant, l'enseignement ne m'intéresse pas du tout ! Plus exactement, il me semble impossible d'en dispenser. Sans doute par peur...

Je commence à revenir sur mes positions lorsque l'on me propose de prendre un poste pendant une saison – de septembre à juin – comme prof à l'université Léonard-de-Vinci, située sur le parvis du Cnit, à la Défense.

Il s'agit de travailler quatre heures par semaine dans la section obligatoire de danse. Parmi les nombreux sports au programme, les filles choisissent souvent la danse classique. Armée de mon diplôme d'État que j'ai passé en 1992, presque par lassitude, je suis engagée sur-le-champ.

Dans les décors futuristes de la Défense, je crois vivre à l'américaine. J'ai une vingtaine d'élèves. Très vite je m'éclate et regrette de n'avoir pas plus de cours. C'est une révélation. Je trouve palpitant de suivre l'évolution des élèves, débutantes ou expérimentées, âgées de dix-huit à vingt-quatre ans, de montrer un pas, une chorégraphie...

Et puis les filles exécutent ce que je leur dis. Cela me change ! Je m'étonne toujours de voir les élèves m'écouter et essayer de reproduire les mouvements élaborés dans ma tête. Que l'on tienne compte de mes observations m'épate. Cela peut paraître débile mais cette sensation inouïe est incomparablement gratifiante après plus de vingt ans où l'on vous a traitée comme une moins que rien.

Je commence donc ainsi. Cependant, comme à la fin de la saison, je suis de nouveau enceinte... je dois provisoirement abandonner. Je confie mes cours à un ancien danseur de l'Opéra à la retraite. Mais les universitaires décident de fermer la section. Adieu la fac, je n'y reviendrai pas.

Il n'empêche que le virus me tient et que le « hasard », qui n'existe pas, fait le reste. Ma chère Dany Sazy, qui était mon modèle à Saint-Germain-en-Laye du temps de mon enfance, désire prendre sa retraite. Rien de plus simple. Un seul coup de fil et me voilà en place.

Bientôt je supervise des cours pour les petites de maternelle comme pour les femmes d'âge mûr. Cela me fait énormément bouger. Je réfléchis sur l'importance de transmettre son savoir en invitant les élèves à prendre du plaisir. Vaste projet ! Et assez ingrat si on l'aborde sur un plan purement intellectuel...

Les enfants, c'est extrêmement dur de maintenir leur attention. Au bout de deux minutes, au niveau de la concentration, c'est fini : ils dérapent. Mais moi, je me répète : « Mon école, ce n'est pas l'Opéra de Paris ! » Je ne les torturerai pas. Ces petites filles de quatre ans, ces *moyennes* de huit ans viennent une fois par semaine : il faut que ce soit pour elles une joie plus qu'un passe-temps. Pas question de leur prendre la tête, de les ennuyer à tendre le petit doigt jusqu'à la perfection.

« On se redresse, dis-je souvent aux six-huit ans. On marche comme des princesses. Vous êtes très fières. En avant...

» Demi-plié, tendu !

» Flex. Pointe !

» Demi-pointe, talon !

» Sixième. Première...

» Maintenant on imite la fourmi, et le chat, et la grenouille, et le nain, et le poney, et la fleur...

» Bravo.

» Margot, Clothilde, Pauline, c'est parfait. Maintenant allez vous rhabiller et à la semaine prochaine. »

Il faut avoir un esprit d'observation insensé pour aider les élèves à évoluer.

D'habitude, dans les locaux destinés à ce genre d'activités, il y a des miroirs. Mais (hasard ou coïncidence ?) dans les salles où j'enseigne aux jeunes, il n'en existe pas. D'une certaine façon, je considère cela plutôt comme un bienfait. Cela exige plus d'attention, de pêche. Sans glaces on se concentre mieux, on essaye de sentir ce qu'on fait par soi-même et on existe moins par rapport à l'image.

Les chorégraphes spécialisés dans le contemporain ont d'ailleurs supprimé les glaces dans leurs répétitions. On se place ainsi sur un niveau d'ordre beaucoup moins narcissique et on présente un jeu plus intériorisé.

En même temps, dans mon rôle de prof, je suis obligée de servir de miroir. Soit je tourne le dos à mes élèves et elles me copient sans que je puisse observer leur travail – ce qui est ridicule –, soit je leur fais face et je suis donc obligée d'exécuter les mouvements à l'inverse d'elles. Par exemple, si elles se reposent sur le pied droit, moi, ce sera sur le gauche. Je fais tout à l'opposé pour qu'elles aient le bon pied.

Si je dis : « Plié, tendu, première, cinquième, etc. », elles ne vont regarder que ma bouche sans rien enregistrer, sans rien apprendre. Donc j'envoie la musique et je fais tout en même temps que je l'énonce. Cela leur apprend à regarder et à copier, à avoir le bon mimétisme.

Parfois, bien sûr, je pousse des gueulantes quand elles font du bazar. Car si je les respecte j'exige la réciproque, surtout au niveau de la discipline. Dans un cours, il est normal que personne ne parle, sinon c'est impossible, c'est ingérable. Sur ce point-là, je suis très stricte.

Autrement je leur apprends la danse sur des musiques classiques mais aussi sur d'autres gimmicks plus branchés... Les « quatre-ans », je n'hésite pas à les faire improviser sur les chansons de *Blanche-Neige*, version Walt Disney. Aux plus grandes je propose parfois du disco. Il ne faut absolument pas qu'elles se lassent. Le but est d'apprendre en s'amusant. L'important est *de leur donner envie*, de leur faire aimer cet art, ce mouvement du corps, la grâce à laquelle elles peuvent accéder.

Avec les femmes mûres, l'enseignement représente un autre travail. J'ai beaucoup d'admiration pour elles. Elles se donnent à fond. Certaines venaient déjà du temps de Dany et possèdent un excellent niveau. Il est captivant de les voir évoluer, en totale liberté, sans contraintes, si ce n'est celles qu'elles s'imposent en poussant toujours plus loin leurs propres limites avec un brio épatant.

Mais ce que je préfère par-dessus tout, ce sont les cours particuliers où j'interviens comme *personal trainer*, ou *body coach*, si l'on préfère. C'est plus intime et sans doute plus dépaysant pour moi, qui fus si longtemps tenue à courir dès l'aube dans les salles de cours collectifs.

Comme *personal trainer* j'aime apprendre aux adultes – femmes ou hommes – les mouvements ajustés à leur morphologie et à leur sensibilité qui leur permettront de s'entraîner au mieux pour conserver la forme et sculpter dans leur corps une nouvelle ligne.

Ce travail d'investigation en tête à tête sert à décrypter le langage d'un corps dans ses moindres accords, à élaborer la gestuelle la mieux adaptée pour insuffler enthousiasme et dynamisme, énergie et joie, douceur et harmonie. Cela exige une grande écoute de l'autre. Sans doute est-ce aussi pour moi un moyen de communiquer et de donner...

*
**

De par mes nouvelles fonctions, je transforme les chagrins de mes années de galère et les positive en créant d'autres règles.

Le désastre est derrière moi.

En voulant garder un certain savoir pour continuer d'exercer leur pouvoir, mes maîtres ont tenté de me démontrer que ce métier n'apprend pas la générosité. Mais j'ai échappé à leurs dogmes. Pour moi, une autre réalité se fait jour.

Il existe en fait deux formes d'art. Deux modes de vie. Le premier est cannibale, il se nourrit des autres qu'il prend en pâture, et rien ne l'alimente complètement hormis sa propre gloire, un instinct primaire et un égoïsme forcenés. Le second – magnanime, charitable, bienfaisant, humain, fraternel – se tourne vers l'échange, se donne aux autres et permet d'évoluer ensemble dans l'amour du beau et de l'authentique.

L'un et l'autre exigent bien sûr discipline, patience et ténacité, mais aussi le respect de l'être humain. L'Opéra de Paris distribue trop de joies et de beauté alentour pour entacher sa féerie d'irrespect à l'égard de toutes celles et de tous ceux qui le servent. Je dis bien « tous ». Chacun sait, parmi eux, qu'il ne deviendra pas fatalement danseur ou danseuse étoile, et beaucoup d'entre eux ne sont pas affectés par cette inaccessibilité à la consécration suprême. Mais ce qu'ils veulent garder intact – et qu'au fil des années des mauvais traitements en tous genres ils risquent de perdre dans le désespoir –, c'est l'amour de la danse. Une passion qu'ils ont nourrie depuis l'enfance, quand pour la première fois ils ont franchi les portes du Palais de leur rêve. Une passion qui leur permet de participer à la gloire de cette institution célébrée dans le monde entier.

Cela mérite bien, à défaut de les remercier pour leur collaboration et leur talent (sans lesquels il ne pourrait pas y avoir de spectacle), que l'on cesse de porter atteinte à leur dignité.

# TABLE DES MATIÈRES

## DEUXIÈME PARTIE
### *L'âge d'or*



## TROISIÈME PARTIE
### *Révérence !*

*Direction littéraire*
Huguette Maure
*assistée de*
Marie Dreyfuss
et
Maggy Noël

*Composé par P.C.A.*
*44400 – Rezé*

*Impression réalisée sur CAMERON par*

BRODARD & TAUPIN
GROUPE CPI

*La Flèche*
*pour le compte des Éditions Michel Lafon*

*Imprimé en France*
Dépôt légal : octobre 2003
N° d'impression : 20473
ISBN : 2-7499-0011-5
**LAF** 436